Zur
Reform des Erbrechts.

Von

Dr. Franz Bernhöft,
Professor in Rostock.

Berlin SW. 48.
J. Guttentag, Verlagsbuchhandlung.
1894.

Inhalt.

		Seite
Vorwort		5
1.	Römische und moderne Gesetzgebung	7
2.	Die Entwickelung des Erbrechtes	16
3.	Das Prinzip der Universalsuccession	32
4.	Die Stellung des Erben	39
5.	Der Unterhalt der Frau und der unversorgten Kinder	50
6.	Das Intestaterbrecht	63
7.	Erbschaftssteuern	80
8.	Der Erwerb der Erbschaft	84
9.	Das Inventarrecht	93
10.	Regulierung durch den Erben	108
11.	Nachlaßverwaltung	120
12.	Zusammenstellung der Vorschläge	135

Vorwort.

Zweierlei verlangen wir vor allem von dem künftigen Erbrecht: daß es echt national ist, und daß es den sozialpolitischen Anforderungen unserer Zeit Rechnung trägt. Einen Beitrag zu dieser Frage wünscht die folgende Schrift zu geben. Auf juristische Einzelheiten bin ich so wenig wie möglich eingegangen, ganz vermeiden ließ es sich nicht, weil eine Umgestaltung des bestehenden Erbrechts in dem hier vorgeschlagenen Maße jedenfalls nur nach reiflicher Prüfung erfolgen wird. Rat und Hülfe ist mir von vielen Seiten zu teil geworden. Mit besonderer Dankbarkeit gedenke ich meines Lehrers Ernst Immanuel Bekker, mit dem ich mehrere der wichtigeren Punkte durchsprechen konnte, des Herrn Landgerichtspräsidenten Wendhausen in Rostock, der mich in freundlicher Weise mit Aktenmaterial versehen hat, und endlich meines früheren Zuhörers Assessor Dr. Brümmer, welcher sich in einer Zeit, in der er selbst mit Arbeiten stark belastet war, dem Freundschaftsdienste nicht entzogen hat, meine Vorschläge sorgfältig durchzugehen und auf ihre praktische Ausführbarkeit zu prüfen. Wertvolle Anregungen habe ich außerdem durch eine längere Diskussion erhalten, welche sich in der Berliner „Internationalen Vereinigung für vergleichende Rechtswissenschaft und Volkswirtschaftslehre" anläßlich eines Vortrages von mir über das Thema dieser Schrift entspann.

B.

1. Römische und moderne Gesetzgebung.

Die zweite Redaktion des Civilgesetzentwurfs geht ihrer Vollendung entgegen. Dasjenige, was bisher veröffentlicht worden ist, gestattet in gewisser Weise bereits ein Urteil über das Ganze. Die zweite Kommission hat die Ausstellungen, welche an der ersten Redaktion gemacht worden sind, sorgfältig berücksichtigt; das Bestreben, der Kritik gerecht zu werden, tritt im Inhalt und mehr noch in der Form unverkennbar hervor; die Sprache ist einfacher und klarer geworden, der lehrhafte Ton ist bestimmter und scharfer Ausdrucksweise gewichen, und gegenüber der generalisierenden Tendenz der ersten Redaktion treten mehr konkrete, den wirklichen Lebensverhältnissen sich anschmiegende Rechtsinstitute in den Vordergrund.

In den letzten Wochen hat die Bearbeitung des Erbrechts begonnen, und damit ist die Frage, welche gegenwärtig an die Gesetzgebung aller Staaten herantritt, die Reform des bestehenden Erbrechts, für uns brennend geworden. Schwerlich wird sie im ersten Anlaufe gelöst werden. Aber dennoch ist es an der Zeit, daß das größere gebildete Publikum schon jetzt zu ihr Stellung nimmt, um den ihm gebührenden Einfluß auf die Lösung zu üben. Denn wir können uns nicht verhehlen, daß die allgemeine Stimmung einer nochmaligen gründlichen Prüfung des Entwurfes in der verbesserten Gestalt nicht sehr günstig sein wird. Selbst bei der früheren Fassung waren diejenigen Tadler, welche eine völlige Umarbeitung forderten, kaum in der Mehrheit. Gab man auch fast allgemein große Mängel zu, so meinte man doch häufig, aus höheren Rücksichten darüber hinwegsehen zu müssen, man hielt eine weitere Verzögerung des lang ersehnten nationalen Werkes für das größere Übel, und die Besorgnis, es könnte die Vollendung des Gesetzbuches überhaupt in Frage gestellt werden, überwog bei vielen alle noch so begründeten Bedenken gegen die vorliegende Ausarbeitung.

Gegenüber einer lesbaren, ansprechenden Fassung, in welcher die hervorstechendsten der gerügten Mängel mit geschickter Hand beseitigt sind, wird dieser Standpunkt natürlich noch viel energischer verteidigt werden. Das große Publikum wird von vornherein abgeneigt sein, der erneuerten Prüfung mit der wünschenswerten Geduld zu folgen. Entweder werden die dabei gemachten Ausstellungen unbegründet sein: dann ist es überflüssig, sie zu lesen; oder sie werden begründet sein: dann ist es gar vom Übel, sie zu lesen. Denn je überzeugender sie wirken, um so näher liegt die Furcht, daß das Gesetzgebungswerk nochmals ins Unabsehbare hinausgeschoben wird. Eine Zeitung erwähnte vor einiger Zeit des Spruches: Rat hält der Schweizer nach der That. Daß das wirklich Schweizer Art ist, bezweifle ich; uns aber hat man es gerade dem Civilgesetzentwurf gegenüber allen Ernstes als den Inbegriff höchster rechtspolitischer Weisheit empfohlen. Man solle nur erst das Gesetzbuch annehmen, um aus dem gegenwärtigen unerquicklichen Zustande herauszukommen, das weitere könne man vertrauensvoll dem Volk und den Juristen überlassen.

Diese Argumentation ist nicht neu, sie hat schon oft zu dem Ziele geführt, daß Gesetze trotz aller dagegen erhobenen Bedenken angenommen wurden, aber bewährt hat sie sich selten. Das jüngste Beispiel bietet das Invalidengesetz, welches überall in Deutschland populäre Namen erhalten hat, in Norddeutschland „Klebegesetz“, in Bayern „Wapperlgesetz“ genannt wird, sich selbst aber einer stetig wachsenden, zur Zeit bereits geradezu imponierenden Unpopularität erfreut. Genau dieselben Gründe sind seinerzeit für dieses legislatorische Monstrum vorgebracht worden. Es fehlte auch der Hinweis auf die Bedeutung dieser nationalen That und die zu erhoffende Stärkung des Reichsgedankens nicht. Heute sind die Lobredner, die über die engherzigen Zweifler spotteten, sehr still geworden, von den erwarteten Wirkungen ist das gerade Gegenteil erfolgt, und in weiten Schichten des Volkes, nicht zu mindestem in denjenigen, zu deren Nutzen das Gesetz geschaffen wurde, tritt Mißachtung und Ingrimm unverholen hervor. Was davon an die Öffentlichkeit gedrungen ist,

ist der geringere Teil. Wer aus den verschiedenen Kreisen die Betrachtungen über die Unfähigkeit der Gesetzgebung, die Höhe der zugemuteten Opfer, die Unklarheit der Bestimmungen, über das neu angestellte Beamtenheer, das nun auch noch vom Volk ernährt werden müsse, zusammenstellen wollte, der würde unversehens ein schonungsloses Pamphlet geschrieben haben. Viel solche Gesetze im Namen des Reiches erlassen müssen den Reichsgedanken unrettbar diskreditieren.

Es ist nicht das einzige Gesetz seiner Art. Bei andern ist nur dem Volke der Grund seiner Unzufriedenheit weniger klar, weil die Wirkungen den Laien nicht so unmittelbar vor Augen treten. Ueber Mündlichkeit und Öffentlichkeit des Verfahrens, über Notwendigkeit oder Entbehrlichkeit einer Berufung in Strafsachen wissen sie nichts zu sagen, aber zufrieden sind sie deshalb mit der Rechtspflege nicht, und mit den Kosten derselben noch weniger. Alles in allem genommen ist das Mißtrauen gegen die Gesetzgebung schon reichlich hoch gestiegen, und jeder neue gesetzgeberische Mißgriff führt den revolutionären Parteien Scharen neuer Anhänger zu. Natürlich sind die verhängnißvollen Wirkungen der bisherigen Einzelgesetze verschwindend gegen den Schaden, welchen ein schlechtes Reichscivilgesetzbuch anrichten würde. Lassen wir endlich das Experimentieren quasi in corpore vili, die gegenwärtigen Zeiten sind dazu nicht angethan.

Wie aber, wenn über allem Kritisieren und Bedenken die Reform schließlich ins Endlose hinausgeschoben wird? — Selbst wenn das zu fürchten wäre, so würde es immer noch dem unbedachten Sprung ins Ungewisse vorzuziehen sein. Bähr hat bereits in einem Grenzbotenartikel über den Civilprozeß die Anschauung widerlegt, als ob ein schlechtes Gesetz damit entschuldigt werden könnte, daß es in ganz Deutschland gelte. Der Unwille über die Unbilligkeit eines Rechtssatzes, so führt er überzeugend aus, kann doch gewiß nicht durch die Erwägung gemildert werden, daß jeder im ganzen Reiche gegebenenfalls dieselbe Unbilligkeit erdulden muß. Alles, was dort gesagt ist, gilt in verstärktem Maße von einem umfassenden Civilgesetzbuch. Es ist zweifellos, daß alle Mängel eines solchen sehr viel härter empfunden werden müssen, als etwaige Mängel des bisherigen Rechtes, in welches man sich einmal eingewöhnt hat. Die Zeit ist vorbei, wo die Begeisterung für die deutsche Einheit alle Unbequemlichkeiten und Opfer, welche diese im Gefolge hatte, freudig ertragen half. Man wird im Gegenteil der Reichsgewalt jede Unvollkommenheit ihres Werkes mit herber Kritik zur Last legen, und die centrifugalen Elemente werden in ihnen ein wirksames Agitationsmittel finden. Der richtige Weg ist uns klar vorgezeichnet. Glauben wir nach reiflicher Prüfung dem Volke ein Gesetzbuch bieten zu können, welches nach Inhalt und Form den Anforderungen unserer Zeit gerecht wird, so müssen freilich untergeordnete Bedenken schweigen; haben wir aber jene Ueberzeugung nicht, so müssen wir — und zwar gerade im Interesse des nationalen Gedankens — die Arbeit von neuem beginnen, sogar auf die Gefahr hin, daß sie zur Sisyphosarbeit wird. Eine Annahme in einer sogenannten „Hurrahstimmung" ist hier weniger als irgendwo sonst am Platze.

Wie also stellt sich der Entwurf zu den Anforderungen des modernen politischen Lebens? Wenn einmal ein späterer Rechtshistoriker ohne sonstige Kenntnis von unserer Zeit über diese lediglich nach dem ersten Entwurfe urteilen sollte, so wird er zu gar seltsamen Vorstellungen von ihr gelangen. Ein friedliches, beschauliches Geschlecht in langsamer, fast stabiler Rechtsentwickelung, mit ziemlich geringem Interesse für das äußere Leben, zu Abstraktionen und gründlicher logischer Arbeit hervorragend befähigt, dabei mit einem fast künstlerischen Sinn für fein durchgeführte juristische Figuren begabt — das möchte etwa das Ergebnis sein, zu dem er kommen würde. Von den Kämpfen unseres tief zerklüfteten Parteiwesens, von all den Fragen, die jetzt unsere gesamte innere Politik beherrschen, fände er keine Spur. Man hätte in unserer Zeit der Gährung fürchten können, daß unausgereifte Ideen, wie es ja sonst geschehen ist, voreilig zum Gesetz erhoben werden würden. Diese Furcht wäre aber sehr überflüssig gewesen, denn nichts ist dem Entwurf ferner als Neuerungssucht in den Grundlagen des Rechts, und es ist kaum einmal der Versuch gemacht worden, in dem Gedankenkreise unserer Zeit neue sozialpolitisch fruchtbare Prinzipien zu entdecken. Noch ist fast alles so, wie einst vor dreizehnhundert Jahren zur Zeit des Kaisers Justinian; selbst das Brausen des Wellenschlages der sozialen Bewegung ist nicht bis in das Beratungszimmer der Kommission gedrungen.

So wenig im Vergleich zum römischen Recht neue gesetzgeberische Prinzipien auftreten, so verschieden ist freilich die juristisch-technische

Durchführung. Die Redaktoren haben auf juristische Eleganz offensichtlich besonders großen Wert gelegt. Durch den gegenwärtigen Stand der Jurisprudenz wurden sie hierbei nicht so unterstützt, wie es wünschenswert gewesen wäre, und sie konnten sich nicht etwa auf die Aufgabe beschränken, die herrschende wissenschaftliche Richtung nach der formalen Seite hin zum Ausdruck zu bringen. Vollends das römische Recht gewährte ihnen für das, was sie erstrebten, gar keine Anhaltspunkte.

Die Römer verstehen unter elegantia juris etwas ganz anderes als wir. Sie verlangen lediglich, daß das Recht sich an die Lebensverhältnisse anschmiege und für den einzelnen Fall eine Entscheidung gebe, welche exakt auf das Verkehrsbedürfnis zutrifft. Ob dabei für begrifflich nahe stehende Institute ganz verschiedene Rechtsmittel gegeben werden, ist ihnen vollkommen gleichgültig, sofern die Rechtsmittel nur dem Zweck entsprechen. Wir dagegen legen Wert auf feine Durchführung allgemeiner Prinzipien, auf gleichmäßige systematische Gliederung, auf sorgfältige Durchführung des Parallelismus bei verwandten Instituten. Eine Durchbrechung dieses Parallelismus können wir freilich dringenden praktischen Bedürfnissen gegenüber nicht immer vermeiden, aber sie wirkt auf uns stets wie ein arg entstellender Schönheitsfehler, ja, sie erscheint uns geradezu als ein Mangel des Rechtes selbst.

Deshalb operieren wir gern mit möglichst allgemein gefaßten Regeln, die Römer dagegen mit eigenartig entwickelten Instituten, die den konkreten Lebensverhältnissen angepaßt sind. Ein Beispiel, bei dem sich allerdings ein Eingehen auf juristische Einzelheiten nicht ganz vermeiden läßt, möge den Unterschied illustrieren. Der Schutz des Besitzes wird bei den Römern durch sehr verschiedenartige Rechtsmittel bewirkt. Bewegliche Sachen werden anders behandelt als Grundstücke, für die Servituten sind mehrere eigene Klagen, jede mit ganz besonderen Voraussetzungen, ausgebildet. In der Ausübung einer Wegegerechtigkeit wird man z. B. vorläufig geschützt, wenn man beweisen kann, daß man sie an dreißig verschiedenen Tagen ausgeübt hat, bei Wasserleitungen genügt dagegen einmalige Ausübung. Für andere Servituten werden die Klagen aus dem Sachbesitze angewandt, einige entbehren des Schutzes ganz. Alles das erscheint uns inkonsequent, unausgearbeitet und roh.

Wie echt philosophisch ist dagegen der von der modernen Wissenschaft entwickelte Begriff des Rechtsbesitzes! „Besitz ist die thatsächliche Herrschaft des Willens über die Sache; Sachbesitz ist die thatsächliche Herrschaft des Willens über die Sache in der Gesamtheit ihrer Beziehungen; von Rechtsbesitz redet man, wenn die thatsächliche Willensherrschaft die Sache nur in dieser oder jener einzelnen ihrer Beziehungen erfaßt". Mit diesen Worten leitet Windscheid den Paragraphen über den Rechtsbesitz ein und entwickelt dann mit zwingender Logik das Institut in vollständigem Parallelismus zum Sachbesitze. Die Darstellung der bunten Menge der römischen Rechtsmittel am Schlusse der Materie macht fast den Eindruck einer foeda cauda an der so harmonischen Rechtsbildung. Nichts scheint einfacher, als daß ein einziges gleichmäßig entwickeltes Rechtsmittel unter gleichen Voraussetzungen jeden Rechtsbesitz ohne Ausnahme schützen sollte, und in Partikularrechten ist ja diese Anschauung auch wirklich zur Geltung gekommen.

Die römischen Juristen möchten freilich über eine solche elegantia juris den Kopf geschüttelt, vielleicht auch, wie sie denn mehr Wert auf Deutlichkeit als auf Höflichkeit legen, mit ihrem „absurdum" nicht zurückgehalten haben. Nehmen wir einen einfachen Fall der thatsächlichen Ausübung einer Wegegerechtigkeit, wie er sich täglich im Leben ereignet. A. geht über das Grundstück seines Nachbars F., mit dem er in gutem Einvernehmen steht; zuerst gelegentlich, in der Folge, weil es ihm bequem ist, öfter, endlich bei jeder Gelegenheit, wo der Weg über das fremde Grundstück kürzer für ihn ist. Er verkauft an B., dieser erfährt, daß sein Vorgänger über das Grundstück des F. gegangen sei, und benutzt den Weg ebenfalls, ohne sich über die juristischen Verhältnisse irgend welche Gedanken zu machen. Ist Rechtsbesitz eingetreten? A. und B. selbst würden, auf ihr Gewissen befragt, nicht mit Bestimmtheit erklären können, ob sie sich eine Wegegerechtigkeit beilegen bezw. anmaßen wollten, oder ob sie das fremde Grundstück nur im Vertrauen auf die Nachsicht des Eigentümers beschritten haben. Kommt es zum Zeugenbeweis, so werden die Zeugen ihnen mit der größten psychologischen Begabung nicht angesehen haben, ob sie bei ihrem Wege über den Acker des F. den animus juris exercendi hatten. Natürlich ist ein gelegentliches, selbst öfteres Betreten eines fremden Grundstückes noch nicht Ausübung einer Wegegerechtigkeit. So ist nun gerade der entscheidende Punkt in ein völlig vages Ermessen des Richters gestellt. Er kann bei einmaliger Ausübung Rechtsbesitz annehmen oder ihn bei jahrelanger Ausübung unter übrigens ganz gleichen Umständen leugnen.*) Logischer ist unsere Methode, aber die der Römer ist brauchbarer.

Der Fehler ist technischer Natur. Das Prinzip ist richtig erkannt, denn auch das römische Recht will lediglich verhindern, daß die thatsächliche Ausübung eines Rechtes eigenmächtig unterbrochen wird. Aber der Rechtsbesitz ist nicht so bestimmt erkennbar wie der Sachbesitz, aller formalen Logik zum Trotz gehen die realen Verhältnisse ganz und gar auseinander. In der Besitzergreifung einer Sache liegt regelmäßig die Beanspruchung oder Anmaßung von Eigentum, in dem Gehen über ein Grundstück liegt aber noch nicht die Beanspruchung oder Anmaßung einer Wegegerechtigkeit, weil man auch wohl ohne den animus juris exercendi über fremde Grundstücke zu gehen pflegt. In solchem Fall muß man zu dem gesetzgeberischen Mittel greifen, dem schwer erkennbaren Thatbestande einen leichter und sicherer festzustellenden zu substituieren.**) Solche Substitutionen sind ein in vielen Fällen geradezu unentbehrliches technisches Hülfsmittel. Das ganze Institut der Minderjährigkeit beruht z. B. darauf. Jugendliche Personen, welche noch nicht die volle geistige Reife haben, sollen in ihrer juristischen Handlungsfähigkeit beschränkt werden, da aber die geistige Reife schwer festzustellen ist, so sustituiert man ihr eine feste Altersgrenze. Ebenso soll hier die thatsächliche Rechtsausübung geschützt werden. Natürlich ist auch der vorläufige Besitzesschutz nur dann berechtigt, wenn Jemand den Inhalt einer Servitut als sein Recht ausübt; da aber der animus juris exercendi nicht mit Sicherheit erkennbar ist, so substituiert man das Erforderniß einer bestimmten Anzahl von Ausübungsfällen.***) Dieses Erforderniß ist wieder nicht nötig bei solchen

*) Bezeichnend dafür das Erkenntnis bei Seuffert V, 255.

**) Ueber diese Substituierung anderer Thatbestände s. meine Schrift „Kauf, Miete und verwandte Verträge", S. 37 (Becker und Fischer, Beiträge zur Erläuterung und Beurteilung des Entwurfs, 12. Heft).

***) Natürlich cessiert der Besitzesschutz trotzdem, wenn positiv nachgewiesen werden kann, daß der animus juris exercendi fehlte. l. 1. § 6. l. 7 D. 43,19.

Handlungen, die ohne den animus juris exercendi überhaupt nicht, auch nicht einmalig vorgenommen zu werden pflegen, wie bei der Ausübung einer Wasserleitungsgerechtigkeit.

Vorliegendenfalls hat der Entwurf schon in seiner ersten Fassung der modernen Tendenz nicht nachgegeben, sondern auf ein einheitliches Institut des Besitzes, welches sich dann wieder in Sachbesitz und Rechtsbesitz gliedert, verzichtet. Dem römischen Recht hat er sich freilich ebenfalls nicht angeschlossen, sondern einen andern Ausweg gefunden, welcher sowohl in sein System hineinpaßt wie dem praktischen Bedürfnisse gerecht wird, indem er die einmalige Ausübung einer Grunddienstbarkeit im letzten Jahre zum Besitzesschutz für genügend erklärt, aber nur dann, wenn diese in das Grundbuch eingetragen ist. Da nach dem System des Entwurfes Grunddienstbarkeiten nur durch Eintragung entstehen können, so liegt auch für den Besitzesschutz nur in diesem Umfange ein Bedürfnis vor; andererseits braucht der animus juris exercendi bei der Ausübung einer ins Grundbuch eingetragenen Gerechtigkeit nicht erst besonders festgestellt zu werden. Vom Standpunkt der Begriffsjurisprudenz würde freilich diese Lösung sehr unelegant sein, denn der Besitzesbegriff gelangt nicht zu folgerechter Entwickelung, und die Beimengung des Erfordernisses der Eintragung verquickt bereits Besitz- und Eigentumsfrage.

Leider haben die Redaktoren des ersten Entwurfs nicht überall mit gleich sicherem legislatorischen Griffe das auf das praktische Bedürfnis Zutreffende ausgewählt. Die Spuren der generalisierenden modernen Tendenz machen sich an anderen Orten sehr bemerkbar, am meisten vielleicht auf dem Gebiet des Obligationenrechts. Erst die zweite Fassung hat hierin zum Teil Wandel geschaffen.

Vom Erbrecht liegt zur Zeit nur die alte Fassung vor, und diese genügt den Anforderungen nicht, welche unsere Zeit stellen muß. Das künftige Gesetzbuch soll mehr bieten, als eine Redaktion des römischen Rechts, welche einige deutschrechtliche Institute untergeordneter Bedeutung berücksichtigt und einigen Aenderungen bezw. Verbesserungen Raum giebt. Es ist merkwürdig, daß der konservative Zug, welchen das Recht nun einmal hat und übrigens auch haben soll, gerade dem Erbrecht bis zum Uebermaß sein Gepräge aufgedrückt hat. Das ist schon bei den Römern so gewesen. Während das Obligationenrecht eine freie Entwickelung nahm und sich den neuen

Bedürfnissen anpaßte, hielt das Erbrecht zäh an den alten Regeln fest und milderte sie nur hier und da durch einige korrigierende Institute. Für die Testamente erhielt sich das Formelwesen, welches die alte Kautelarjurisprudenz der Republik bei dem ersten Beginn der Rechtswissenschaft geschaffen hatte, das wunderliche formelle Noterbrecht mit seinen Exheredationen bestand fort und wurde vom Prätor sogar noch weiter ausgebreitet. Im Intestaterbrecht blieb das Agnationsprinzip die Grundlage, welches schon gegen Ende der Republik veraltet war. Schon damals galt es als ein Unglück, wenn man ohne ein gültiges Testament verstarb; so wenig stimmte das geltende Intestaterbrecht mit dem Rechtsbewußtsein des Volkes überein. Aber trotzdem änderte die Kaiserzeit nur sehr allmählich, das Agnationsprinzip blieb maßgebend in der ganzen klassischen Periode, ja großentheils sogar bis zu Justinian. Selbst die Justinianische Reform, so radikal sie beim ersten Blick erscheint, hat nicht alles, was veraltet war, wirklich beseitigt. Aus jeder Periode hat sie charakteristische Reste bei Bestand gelassen. Wir haben noch den alten Satz „nemo pro parte testatus pro parte intestatus decedere potest", obgleich er längst durch Ausnahmen durchbrochen war, den Satz „semel heres semper heres", den Unterschied von Erbeinsetzungen und Universalfideikommissen und vieles der Art. Bei der Testamentsinterpretation verschlang sich die auf veralteten Regeln beruhende, an bestimmten Wortformeln haftende überlieferte Interpretation mit der neueren Willenstheorie zu einem nicht immer leicht zu lösenden Gewirr. Die Formaljurisprudenz erfuhr sogar durch die nov. 115 noch eine eigentümliche Bereicherung. So ist es gekommen, daß das Erbrecht die Freude des Historikers, das Kreuz des Dogmatikers geworden ist.

Es mögen zur Zeit von Justinian noch geschichtliche und politische Gründe vorgelegen haben, im Reformieren Maß zu halten. Manches konnte, obgleich die ursprüngliche ratio längst fortgefallen war, deshalb geschont werden, weil das Volk sich darin eingewöhnt hatte. Von solcher Eingewöhnung kann nun leider heute nicht die Rede sein, und es heißt die Pietät sicher zu weit treiben, wenn man Reste altrömischer Kautelarjurisprudenz aus dem Anfang der Republik oder Rechtsätze, die den Verhältnissen des Jahres 200 n. Chr. entsprechen, in einem Gesetzbuch aus dem Ende des neunzehnten

Jahrhunders konserviert. Das römische Recht darf freilich nicht unterschätzt werden, es giebt eine vorzügliche Lösung der erbrechtlichen Fragen, aber eine Lösung für die damaligen Anschauungen und die damalige Zeit. Wollen wir ein nationales, ja auch nur ein modernes Recht haben, so sind umfassende Aenderungen in Inhalt und Form unvermeidlich.

Der Entwurf hat bereits in seiner ersten Fassung jene Altertümlichkeiten beseitigt, und wenn er sich im Allgemeinen noch immer im römischen Ideenkreise bewegt, so kann ihm das von vorn herein gewiß nicht zum Vorwurf gemacht werden. Es ist eben nachzuprüfen, welche von den römischen Ideen noch heute ihre Berechtigung haben, und wenn die Redaktoren der Versuchung widerstanden haben, neue künstliche Institute einzuführen, so gereicht ihnen das unzweifelhaft zu entschiedenem Lobe. Aber eine Nachprüfung ist freilich nötig, denn es ist noch immer recht viel Römisches beibehalten. Wir haben das unbedingte Prinzip der Universalsuccession; Testamente, Intestaterbrecht und Pflichtteilsrecht sind noch auf römischer Grundlage aufgebaut; bei den Wirkungen des Erwerbes begegnen wir sogar noch dem unglücklichen Justinianischen Inventarrecht, und zwar in einer Gestaltung, die zu größeren Bedenken Anlaß giebt als das viel angefochtene Justinianische Institut. Und ebenso bedarf es der Prüfung, ob die in neuerer Zeit auftauchenden sozialpolitischen Ideen, die auf allen andern Gebieten der Gesetzgebung zur Zeit im Vordergrunde stehen, gerade auf dem Gebiete der Civilgesetzgebung ignoriert werden dürfen.

---

2. Die Entwickelung des Erbrechtes.

Wenn heute die staatsfeindlichen Parteien vor allem die Abschaffung des Erbrechtes verlangen, so hat das einen guten geschichtlichen Grund. Das Erbrecht tritt bereits bei dem ersten Beginn von Gesittung und gesellschaftlicher Ordnung auf und bildet in der Folge einen der mächtigsten Hebel für den Kulturfortschritt. Es sichert den jüngeren Generationen die Früchte der Arbeit aller vorangegangenen und ermöglicht ihnen, auf dem Bestehenden weiter zu bauen, es schafft dadurch, daß es das Vermögen den nächsten Angehörigen des Verstorbenen giebt, einen über den Tod hinausreichenden Beweggrund zum Erwerbe und sorgt zugleich für die beste Ausnutzung des Erworbenen, denn dieses hat regelmäßig in den Händen dessen, der dem Verstorbenen nahe steht und seine Verhältnisse kennt, den höchsten Wert. Kultur ohne Erbrecht ist kaum denkbar und kommt thatsächlich nirgends vor.

Trotz seiner Verbreitung über den ganzen Erdkreis ist aber das Erbrecht keine allgemein menschliche Institution. Dem reinen Naturmenschen erscheint es als etwas Fremdartiges, selbst Widersinniges. Ihm hört das Eigentum nicht mit dem Tode auf, und wie der Verstorbene in der volkstümlichen Anschauung als denkend, fühlend und handelnd nach menschlicher Weise vorgestellt wird, so bleibt er auch Herr dessen, was ihm bei Lebzeiten gehörte. Man verläßt seinen Körper und seine Habe, und ein geheimes Grauen schützt beides vor der Entweihung durch den Lebenden. Thatsächliche Erfahrungen haben dann wahrscheinlich zur Befestigung des uralten Gebrauchs beigetragen. Wenn Kleider und Gerätschaften eines an einer ansteckenden Krankheit Gestorbenen denen, die sie in Besitz nahmen, den Tod brachten, so fand der Naturmensch, der von Infektion und Bazillen nichts wußte, die Erklärung selbstverständlich darin, daß eine Rachehandlung des Toten vorliege.

Die Reste der Sitte haben sich unendlich lange erhalten. Auch auf höheren Kulturstufen kommt es noch vor, daß man den verstorbenen Hausherrn in seiner eigenen Hütte beisetzt und diese verläßt, daß man die Leiche eines nordischen Seekönigs in dem Schiffe, welches er bei Lebzeiten befehligte, den Fluten übergiebt. Tiere, selbst Menschen werden getötet,*) um den Toten in das Jenseits zu

*) Die Begräbnisgebräuche interessieren hier nur in sofern, als sie auf dem Gedanken beruhen, daß das Eigentum nach dem Tode fortdauert. Auf die anderen Seiten kann ich, so bedeutsam sie für die Kulturgeschichte sind, hier nicht eingehen. Daß auch Menschen diesem Aberglauben zum Opfer fallen, ist eine weit verbreitete Sitte; das Menschlichkeitsgefühl pflegt allerdings zuerst gegen sie zu reagieren, aber die Erinnerung daran erhält sich außerordentlich lange. Nach alter tatarischer Sitte wird z. B. der Tote mit seinem lebenden und toten Besitztum verbrannt. Du Halde, Description de la Chine II, S. 151, erzählt, daß bei dem Tode einer chinesischen Kaiserin — die chinesische Herrscherfamilie gehört zu dem Volksstamm der Mandschu — vier junge Damen, die sie bedient hatten, sich freiwillig erboten, ihr im Tode zu folgen, daß der Kaiser aber verbot, den alten Gebrauch zur Anwendung zu bringen.

begleiten und sogar wir pflegen ihm noch Sachen, die ihm im Leben lieb geworden, in das Grab mitzugeben.

Im Gegensatz dazu bilden sich später Begräbnisformen aus, deren ersichtlicher Zweck es ist, das Gut für die Lebenden zu retten. Man verläßt nicht mehr den Toten, indem man ihm seine Habe preisgiebt, sondern man schafft ihn fort. Alle denkbaren Arten kommen vor:*) ins Wasser werfen, in einem Kahn ins Meer senden, ins Gebüsch tragen, auf Bäumen oder Türmen aussetzen, durch Tiere zerreißen lassen — bis zum Verzehren durch die Leidtragenden.**) Daß die hauptsächlichsten Begräbnisformen der europäischen Völker, Begraben und Verbrennen, dazu gehören, bedarf keiner besonderen Erläuterung. Aber immer noch wirkt die alte Anschauung nach, man fürchtet die Rückkehr des Toten, und bis in die neueste Zeit verfolgt eine Menge abergläubischer Gebräuche das Ziel ihn daran zu hindern.***)

*) Auch hier liegt es außerhalb unseres Zweckes, auf Einzelheiten einzugehen. Zur Illustration sei mir nur gestattet anzuführen, was Pallas, Reise durch verschiedene Provinzen des russischen Reiches I S. 362 f., von den Kalmücken erzählt: „Ihre Begräbnißarten sind sechserlei. Die eine und gemeinste ist, daß man den Leichnam in die offene Steppe, mit dem Kopf gegen Osten, ohne alle Kleider so hinlegt, daß er mit dem Kopf auf dem einen Arm gleichsam ruht. Die zweite Begräbnisart ist, daß man den Körper in ein benachbartes Gehölz oder Buschwerk trägt; die dritte, daß man ihn ins Wasser wirft; oder er wird, viertens, in die Erde begraben, oder, fünftens, mit einem Steinhaufen bedeckt, oder, sechstens, verbrannt." — Vergl. für unsere Zeit Radloff, Aus Sibirien (1884) I S. 320 f., über die altajischen Bergkalmücken: „Das Begräbnis findet ohne besondere Feierlichkeit, ganz im Geheimen statt. Die Altajer begraben ihre Toten meist in der Erde an verborgenen Stellen auf Bergen. Reiche Leute sollen auch das Reitpferd neben den Toten begraben. Die Beerdigung der Toten auf einem Gerüste, das auf vier Stangen ruht, soll im Altai nur an wenigen Stellen stattfinden; ich habe diese Art von Beerdigung bloß bei den Sojonen angetroffen."

**) Statt aller anderen beziehe ich mich auf das, was Herodot 3,38 von den Kalatiern sagt.

***) Auch bei uns sind Gebräuche der Art nicht selten. Noch viel einflußreicher ist die alte Anschauung bei den Altajern. „Die Hinterbliebenen lassen nach diesen Feierlichkeiten die Jurte durch den Schamanen reinigen und führen dieselbe dann zu einer anderen Stelle über. Die Rinden- und Balkenjurten bleiben nach dem Ableben eines Familienmitglieds unbewohnt stehen, während die Familie sich an einem anderen Platze eine neue Jurte erbaut." Radloff a. a. O. S. 321.

Einen eigentümlichen Weg, das Erbrecht mit der Achtung vor dem Eigentum des Toten zu verbinden, haben die Inder, die Römer und andere Völker in der Ahnenverehrung gefunden. Der Verstorbene bleibt in der Idee Hausherr, aber er nimmt nunmehr seinen Sitz im lararium, und für ihn, gewissermaßen als sein irdischer Stellvertreter, waltet der heres über seine Untergebenen und sein Gut. Auf diesen gehen daher auch die göttlichen und menschlichen Pflichten (nach dem Ausdruck der Inschrift von Gortyn: *τὰ θῖνα καὶ τὰ ἀνθρώπινα*) des Verstorbenen über.

Den Ausgangspunkt für das Erbrecht, wie überhaupt für die Kultur, bilden die Familiengenossenschaften, die sich in der Urzeit mit sehr verschiedenartiger Organisation entwickeln. Die Familienglieder haben gemeinsames Eigentum an dem Familiengute, welches jeder von ihnen zu nutzen und zu verteidigen berufen ist. Es findet nach der ursprünglichen Anschauung keine Teilung nach Quoten, sondern ein echtes Gesamtrechtsverhältnis statt, an dem jeder ganz — in solidum — beteiligt ist. Ein jeder Genosse kann das Recht dem Fremden gegenüber ganz in Anspruch nehmen und haftet andererseits für die Schulden ganz. Auch für die Verbrechen eines Mitgliedes macht man die Genossen verantwortlich und übt sogar die Blutrache nicht nur gegen den Thäter, sondern auch gegen jeden seiner Verwandten.

Es sind also schon dem ältesten Recht Rechtsverhältnisse bekannt, an denen in ihrem ganzen Umfange mehrere Personen, entweder als Berechtigte oder als Verpflichtete, beteiligt sind. Die Befugnisse der Mitberechtigten können übrigens ungleich sein, z. B. hat meist das Familienhaupt über das der Familie gemeinsame Gut größere Befugnisse als die anderen Familienglieder, der Mann über das den Gatten gemeinsame Gut größere Befugnisse als die Frau. Auch unter mehreren Mitverpflichteten kann einer der Hauptverpflichtete sein.

Solche Gesamtrechtsverhältnisse vermeidet das römische Recht bekanntlich und versucht es, sie für die Konstruktion überall in Einzelrechte aufzulösen. Es kommt den Römern darauf an, einfache und durchsichtige Begriffe zu haben. Sie verlangen nicht, daß diese sich mit der Anschauung des Lebens vollständig decken, wenn sie nur im letzten Resultat zu Konsequenzen führen, welche den Anforderungen des Lebens im allgemeinen entsprechen. Die juristische Klarheit erscheint ihnen als ein so großer Vorzug, daß sie Unbilligkeiten in vereinzelten Fällen dafür ertragen. So erhalten denn freilich die Lebensverhältnisse in der juristischen Konstruktion oft eine völlig abweichende Gestalt. Die Mitberechtigung mehrerer verwandelt sich oft in die Alleinberechtigung eines Einzelnen, dem nunmehr die aus dem Recht fließenden Befugnisse ausschließlich beigelegt werden. Es kann keinem Zweifel unterliegen, daß das Eigentum, welches dem pater familias im Gegensatz zu fast allen anderen Rechten an dem gesamten Familienvermögen zugeschrieben wird, lediglich konstruktioneller Natur ist, während nach der Auffassung des Lebens ein echtes Gesamteigentum aller Familienglieder stattfand.*) An der dos ist sicher auch die Frau berechtigt,**) aber die Römer konstruieren sie als alleiniges Eigentum des Mannes. Da nun die Konstruktion zu der Anschauung des Lebens nicht paßt, so werden ihr in der Folge gerade die wichtigsten Konsequenzen entzogen: man beschränkt dem Manne die Veräußerungsbefugnis und giebt der Frau weitgehende Rechte dinglicher Natur, sodaß thatsächlich von dem Eigentum nichts bleibt als ein Nutzungsrecht, welches dem Nießbrauch des Vaters an dem Vermögen des Kindes nahe verwandt ist. Auch unter Brüdern war Vermögensgemeinschaft im Altertum noch sehr häufig. Bei dieser erweist sich aber die Kategorie des Alleineigentums als absolut unanwendbar, weil gleiche Ansprüche einander gegenüberstehen, hier nimmt man daher die Zuflucht zu dem Begriff des Miteigentums.

Der Grund für dieses Verfahren liegt offenbar in den Schwierigkeiten, welche die Gesamtrechtsverhältnisse der juristischen Technik bieten. Der Ausnahmefall, in welchem die Römer wirklich ein Gesamtrechtsverhältnis zu entwickeln unternahmen, die berüchtigte Korrealobligation, zeigt diese Schwierigkeiten zur Genüge. Das deutsche Recht kennt Gesamtrechtsverhältnisse in großer Anzahl. Aber überall ist eine Menge von Einzelbestimmungen nötig geworden, um die Befugnisse der Beteiligten zu regeln. Den Römern widerstrebt eine derartige detaillierte Regelung, sie lieben es, fixierte Begriffe

*) Das gestehen die Römer selber zu.

**) Auch dies ist den Römern wohl bewußt gewesen.

zur Anwendung zu bringen und überlassen es dem Privaten, innerhalb des gegebenen Rahmens durch autonome Verfügungen den vorliegenden Verhältnissen Rechnung zu tragen.

Das hauptsächlichste Mittel, um Gesamtrechtsverhältnisse aufzulösen, ist die sogenannte ideelle Teilung. Es soll dabei das Recht selbst, nicht, wie bei der reellen Theilung, die Sache geteilt sein. Bei der ideellen Teilung erstreckt sich also das Teilrecht über jeden Teil des Gegenstandes, das Miteigentum z. B. erfaßt jeden einzelnen Teil der im Miteigentum stehenden Sache. In juristischen Kollegien kann man zur Illustration hören, daß, wenn ein Pferd im Miteigentum von A und B steht, A an jedem Haare des Pferdes sein Miteigentum geltend machen kann.

Es mag dahingestellt bleiben, wie viel Anteil an der Konstruktion die Römer, wie viel die neueren Romanisten haben. Jedenfalls ist eine Herrschaft „zu ideellen Teilen" nur eine juristische Denkform, in der Wirklichkeit ist sie ein Unding. Man kann ein Pferd nicht zu einem Drittel an den Wagen spannen und kann auch ein Grundstück nicht zu einem ideellen Drittel beackern. Ueberall ist die Mitherrschaft nur in zwei Formen denkbar: nämlich als Gesamtherrschaft, von allen Mitberechtigten gemeinsam geübt, oder als reell geteilte Herrschaft. Die Teilung kann nach Zeit geschehen, so daß z. B. die Nutzung dem Eigentümer von $^2/_3$ an je zwei Tagen, dem Eigentümer von $^1/_3$ an jedem dritten Tage zukommt, es können die Früchte nach demselben Verhältnisse geteilt werden und ebenso bei Auflösung des Verhältnisses die Sache selbst oder deren Erlös. Immer ist die Teilung, wenn die Herrschaft nicht gemeinsam geführt wird, eine reelle. Freilich ist deshalb das Verhältnis noch nicht ein echtes Gesamtrechtsverhältnis. Die Denkform, daß das Recht selbst geteilt ist, giebt die Möglichkeit, über das Teilrecht selbständig zu verfügen; der Miteigentümer kann also seinen Anteil veräußern und verpfänden, mit der Wirkung, daß der Erwerber in seine Rechtstellung eintritt. Bei einem Gesamtrechtsverhältnisse gestalten sich die Veräußerungsbefugnisse anders. Eine Succession in der Rechtstellung eines Mitberechtigten ist ausgeschlossen; es ist nur zweierlei möglich: entweder steht es dem Mitberechtigten zu, die Sache selbst zu veräußern, oder die Veräußerungsbefugnis ist ihm ganz entzogen. Auch bei der Auflösung des Verhältnisses haben Gesamteigentum und Miteigentum nicht immer dieselben Konsequenzen. Freilich muß sich schließlich der Anteil stets in einen reellen Teil der Sache oder des Erlöses verwandeln. Aber bei dem Miteigentum ist der Maßstab für die Teilung in der Quote gegeben, welche dem Einzelnen zusteht, während das Gesamteigentum nicht notwendig in bestimmte Bruchtheile zerfällt, sondern einem verwickelten Teilungsmodus unterliegen kann.*)

Die Unterscheidung, ob ein juristischer Begriff sich mit der Lebensanschauung vollständig deckt, oder ob er nur aus technischen Gründen eingeführt ist, also lediglich konstruktionellen Wert hat, ist für das geschichtliche Verständnis nicht zu entbehren, weil die Lebensanschauung die eigentliche treibende Kraft der Rechtsentwickelung ist. Sie pflegt sich zuerst in vereinzelten Rechtsätzen zu äußern, die in dem herrschenden System als Regelwidrigkeiten erscheinen, greift dann allmählich weiter und bewirkt im Laufe der Zeit eine Umgestaltung des ganzen Instituts. Bisweilen erhält sich in der Ueberlieferung die alte Definition und giebt Zeugnis von dem ursprünglichen Charakter des Instituts. Die Geschichte der dos, der väterlichen Gewalt, der Vormundschaft ist nur durch die Lebensanschauung zu verstehen, welche durch lange Jahrhunderte ihren langsam wirkenden Einfluß darauf geltend gemacht hat.

Die Geschichte des Erbrechtes beginnt zu einer Zeit, welche vor der Entwickelung einer juristischen Technik liegt. Das Familiengut war damals Gesamteigentum, welches jedem Familiengliede gehörte. Wie es thatsächlich genutzt wurde, und wer darüber zu verfügen hatte, das richtete sich nach den inneren Verhältnissen der Familie. Es scheint ursprünglich eine wirkliche gemeinsame Wirtschaft, wie sie noch heute z. B. die slavischen Hauskommunionen führen, stattgefunden zu haben. Haus und Hof mit dem Inventar, der Acker mit dem, was er brachte, alles war gemeinsam.**) Veräußerungen

*) Bei der Teilung können Vorzüge verschiedenster Art vorkommen, auch kann der Teilungsmodus von der Wahl eines Mitberechtigten abhängig sein. Ein solches Wahlrecht steht z. B. dem überlebenden Ehegatten bei der Teilung des gemeinschaftlichen Vermögens häufig zu.

**) Ueber das Geschlechtsvermögen, vom universalgeschichtlichen Standpunkte aufgefaßt, vgl. Post, Grundriß der ethnologischen Jurisprudenz I S. 198 ff.

scheinen ursprünglich nicht gestattet gewesen zu sein,*) in der Folge entwickelt sich die Veräußerlichkeit, und zwar zunächst in Notfällen und für bewegliche Sachen, später allgemeiner und auch für den Grund und Boden. Befugt zur Veräußerung ist auf älterer Entwickelungsstufe nur die Gesamtheit der Genossen; vielfach aber findet eine Steigerung der Rechte des Familienhauptes statt, die Mitwirkung der Genossen wird zu einer bloßen Zustimmung und kann bisweilen auch wohl ganz fehlen. Bei dem Fortschritt dieses geschichtlichen Prozesses wird das Familienhaupt zum juristischen Eigentümer, und das Zustimmungsrecht, welches die Erben nach einigen Rechten, z. B. nach deutschen, bei Veräußerungen haben, ist dann das letzte Ueberbleibsel ihrer ursprünglichen Mitberechtigung am Gesamteigentum.

Die Idee des Gesamteigentums ist die Grundlage des Erbrechtes. Die Unmöglichkeit, dem Toten den ganzen gemeinsamen Familienbesitz preiszugeben, führt dazu, daß man ihn beseitigen muß. Der alten Anschauung sucht man dabei noch immer, soviel die Umstände erlauben, Rechnung zu tragen, indem man den Toten mit solchen Stücken abfindet, die er im Leben persönlich gebraucht hat, und die ihm besonders wert waren, z. B. dem Schlachtroß und den Waffen; daneben kommt es noch lange vor, daß man ihm das Zelt, in welchem er gestorben ist, überläßt, indem man von der Stelle des Todes flüchtet.**) Aus einem Nachwirken der alten Anschauung entspringt auch ein anderer

*) Post a. a. O. „Da das Geschlechtsvermögen nicht Eigentum derjenigen ist, die zur Zeit die Hausgenossenschaft repräsentieren, sondern auch den Vorfahren und Nachkommen gehört, so unterliegt es nicht der Disposition der derzeitigen Hausgenossenschaft."

**) Philipp Johann von Strahlenberg, Das Nord- und Östliche Theil von Europa und Asia, Stockholm 1730, S. 377, erzählt z. B. von den Jakuten: „Ihre Toten begraben sie nicht auf einerlei Art. Die Vornehmen unter ihnen suchen sich einen schönen Baum aus und sagen zuvor: Da oder da will ich nach dem Tode liegen, und wird der Leiche alsdann etwas von den besten Sachen mit ins Grab gegeben. Einige legen die Leiche bloß auf ein Brett im Walde auf 4 Pfählen gesetzt, und decken solche zu mit einer Ochsen- oder Pferde-Haut. Wiederum andere graben solche in die Erde; die meisten aber bleiben, wenn sie sterben, in den Jurten liegen, welche dicht zugemacht und von den Verwandten so gelassen werden, da sie dann zuvor die besten Sachen herausnehmen und davon lauffen. Diejenigen, so in der Stadt Jakuhtski sterben, lassen sie auf der Gasse liegen, daß die Hunde die todten Cörper zum öfftern fressen."

grausamer Gebrauch, nämlich Kranke und Altersschwache auszusetzen, um sie auf diese Weise rechtzeitig von dem Besitztum zu entfernen, welches man der Familie retten will.

Ein eigentliches Erbrecht ist damit noch nicht entstanden. Die Hinterbliebenen behalten an dem Familiengute nur dasselbe Recht, welches sie bereits früher hatten. Aber dennoch sind Veränderungen, zunächst thatsächlicher, dann auch juristischer Natur, die notwendige Folge davon. Durch den Wegfall eines Mitberechtigten wird das Recht wertvoller, weil sich die Zahl der Teilhaber vermindert.*) Bisweilen bekommt es auch einen anderen rechtlichen Charakter. Durch den Tod des Familienhauptes erhält sein Nachfolger über das Gut, an dem er bisher ein von einem anderen Willen abhängiges Nutzungsrecht hatte, die freie Verfügung, und es findet bereits eine Succession in die Rechtstellung des Verstorbenen statt. Häufig giebt der Tod des Familienhauptes, wenn mehrere Gleichberechtigte, namentlich mehrere erwachsene Söhne nachbleiben, den Anlaß zu einer Spaltung der Familie und einer entsprechenden Teilung des Erbgutes.

Bei dieser geteilten Nachfolge ist aber die das römische Recht beherrschende Idee der sogenannten „ideellen" Teilung nicht zu Grunde gelegt worden. Die erbschaftlichen Rechte zerfallen nicht, wie das entwickelte römische Recht es bestimmt, in Bruchteile, die den einzelnen Miterben zukommen und mit deren Vermögen verschmelzen. So lange der Nachlaß beisammen ist, bleibt er ein einheitliches Vermögen, das

*) Das gilt freilich erst für diejenigen Zeiten, in denen sich ein geordneter Staatsschutz entwickelt hat. Die alte Anschauung legt weniger Wert darauf, weil der Vorteil, welchen ein wehrhafter Mann oder eine arbeitsfähige Frau der Familie gewährten, bedeutender war als ihr Anspruch an das gemeinsame Vermögen. Dies galt selbst da, wo dieses nicht mehr zureichte, denn es war für eine kräftige Familie viel leichter, neue Güter hinzu zu erwerben, als für eine schwache, das Erworbene zu schützen. Der Tod eines Familiengliedes wird daher meist als ein materieller Verlust betrachtet. Anders ist es freilich bei Kindern und altersschwachen Greisen, diesen aber gesteht man ein eigentliches Recht am gemeinsamen Gute meist nicht zu, und die Tötung solcher Personen ist häufig zur Volkssitte geworden.

der Gesamtheit zur Verfügung steht, wird er geteilt, so ist das nur reell möglich. Die Erbteilung erscheint auch keineswegs als eine Realisierung ideeller Anteile. Handelt es sich nur um Gleichberechtigte, so werden natürlich auch die reellen Teile möglichst gleich gemacht, aber oft kommen — z. B. zu Gunsten älterer Brüder — Bevorzugungen vor, die der Bruchteilung nicht entsprechen, und manche Vermögensstücke werden, wie Mußteil, Heergeräte und Gerade im deutschen Recht, ganz ausgeschieden, um den Gegenstand einer besonderen Rechtsnachfolge zu bilden. Grundstücke und bewegliches Gut werden oft ganz verschieden behandelt.

Auf dieser Grundlage ist das Erbrecht der ersten Civilisationsstufen erwachsen. Es kommt nur Familiengenossen zu. In den Einzelheiten gehen schon die älteren Rechte sehr auseinander. Gemeinsam ist ihnen nur, daß die Söhne, soweit sie noch nicht abgeteilt sind, erben. Schon bei dem Modus der Teilung beginnen die Differenzen, da das Alter und bei polygamisch lebenden Völkern die Abstammung von der Hauptfrau häufig Bevorzugungen begründen. Die Nachkommen vorverstorbener Söhne werden bald ausgeschlossen, bald mit dem Anteil ihres Vaters bedacht. In Bezug auf die Töchter finden sich alle Variationen, die denkbar sind. Das Älteste scheint es zu sein, daß sie nicht erben, sondern im Gegenteil vererbt werden. Sie haben nicht nur wegen ihrer Arbeitskraft einen Vermögenswert, sondern mehr noch deshalb, weil sie zur Ehe verkauft zu werden pflegen. In der Folge werden sie beschränkt zur Erbschaft gelassen, bisweilen nur für die Fahrhabe, bisweilen auch nur für einen geringeren Teil. Erst ziemlich spät erhalten sie volles Erbrecht.

Zu dem geschilderten Typus gehören namentlich auch die indogermanischen Völker älterer Zeit. Mit steigender Kultur ist dann eine Ausdehnung und Weiterentwickelung des Erbrechtes erfolgt, aber in durchaus selbständiger Weise. Gemeinsame Ideen sind nur noch insofern erkennbar, als die Fortbildung auf Grundlagen erfolgte, welche bereits in der Urzeit vorhanden waren.

Am meisten auf der ursprünglichen Grundlage hält sich das altrömische Recht. Schon in der Urzeit trat bisweilen, wie wir gesehen haben, Spaltung der Familienverbände ein. In der Folge wurde die Spaltung häufiger und regelmäßiger und führte in unserer Zeit zu der Bildung der modernen Familien, welche nur noch aus einem Ehepaare und dessen unselbständigen, mit ihm in demselben Haushalt lebenden Kindern bestehen. Größere Familienverbände, wie die slavischen Hauskommunionen, sind zu einer ziemlich seltenen Ausnahme geworden. Das römische Recht steht auf einer Mittelstufe zwischen alter und neuer Zeit. Die alten gentes büßen ihre politische und soziale Bedeutung zum größten Teil ein und sind in einem langsam wirkenden Auflösungsprozeß begriffen. Die Familie bleibt, so lange ihr Haupt lebt, beisammen und umfaßt auch die erwachsenen und verheirateten Söhne mit deren Angehörigen, aber sie spaltet sich mit dem Tode des Familienhauptes in Einzelfamilien. Diese bewahren einen gewissen Zusammenhang und bilden nunmehr den Agnatenverband. Das Andenken an die ursprüngliche Gemeinsamkeit rechtfertigt es, daß das Recht in Ermangelung von engeren Familiengenossen die Mitglieder dieses weiteren Verbandes zur Erbschaft beruft.

Das ist der Standpunkt der zwölf Tafeln. Das Erbrecht der hausgehörigen Kinder („sui heredes“) setzen sie als selbstverständlich voraus, und geben, wenn solche fehlen, dem nächsten Agnaten die Erbschaft. Andere Rechte weichen bei der Weiterbildung ab, indem sie neben oder wenigstens nach den Verwandten der männlichen Linie die Verwandten der weiblichen Linie berücksichtigen. Auch in Rom hat sich das System der zwölf Tafeln nicht als haltbar erwiesen. Die Familienverbände verloren ihre alte Bedeutung und lösten sich auf; an ihre Stelle trat die Blutsverwandtschaft, welche alle durch gemeinsame Abstammung verbundenen Personen umfaßt und keinen geschlossenen Familienverband mehr begründet. Der Entwickelungsprozeß, in dem diese Veränderung erfolgte, hat sich sehr langsam vollzogen; das Ergebnis für das Justinianische Recht ist, daß die Agnation jegliche Bedeutung verloren hat, und daß die Verwandtschaft in demselben Sinne, wie wir sie auffassen, die Grundlage des gesamten Intestaterbrechts abgiebt.

Noch bedeutender war der Einfluß, welcher durch die Entwickelung der Testamente ausgeübt wurde. Den alten Rechten sind sie durchweg fremd, und man kann auch wohl sagen: auch der alten Rechtsanschauung. Denn die Angehörigen erben kraft eigenen Rechtes, und ihre Ansprüche können ihnen durch den Willen eines anderen nicht entzogen werden. Aber mit der fortschreitenden Zersetzung der alten Familienorganisation machte sich mehr und mehr der Mißstand geltend, daß die überkommenen Rechtsregeln nicht mehr den thatsächlichen Verhältnissen gerecht wurden und einer Korrektur dringend bedurften. Es war, nachdem der Agnatenverband seine Bedeutung verloren hatte, unbillig, daß die nächsten Verwandten weiblicher Linie, ja daß sogar der von dem Vater aus der Gewalt entlassene Sohn, weil er dadurch aus der Familie ausschied, von der Erbschaft ausgeschlossen war, während ganz entfernte Agnaten, sobald nur keine näheren vorhanden waren, berufen werden konnten.

Das Bedürfnis, Verfügungen über den Nachlaß zu ermöglichen, hat sich auf höheren Kulturstufen bei fast allen Völkern geltend gemacht. Es boten sich dafür zwei Wege. Man konnte den gewünschten Erben durch Adoption zum Familiengenossen machen. Dieses Mittel, welches namentlich im griechischen und indischen Rechte angewendet wurde, hatte den Vorzug, daß es sich vollständig im Rahmen der alten Anschauung hält. Denn halbcivilisierte Völker betrachten die Adoption keineswegs als ein künstliches Verfahren, das nur als Notbehelf angewandt wird. Da es nicht auf die Abstammung, sondern auf die thatsächliche Zugehörigkeit zur Familie ankommt, so ist es durchaus natürlich, daß der freiwillig Aufgenommene dieselben Rechte erhält, wie derjenige, welcher vermöge seiner Geburt zu der Familie gehört. Aber die Adoption führte andere soziale und juristische Folgen herbei, welche nicht immer mit den Absichten der Beteiligten übereinstimmten. Die überaus strenge Ausbildung der väterlichen Gewalt im römischen Rechte machte dies fühlbarer als anderwärts. In sehr vielen Fällen konnte man dem gewillkürten Erben nicht zumuten, aus seiner eigenen Familie und seinem Agnatenverbande auszutreten und sich unter die unbeschränkte Gewalt des Erblassers in der Art zu begeben, daß sein ganzes Vermögen an diesen fiel. Auch der Erblasser wurde durch diese Form in der freien Entschließung behindert. Denn der gewillkürte Erbe erlangte durch die Adoption eine feste Rechtstellung, die ihm nicht mehr leicht entzogen werden konnte, und das mußte dem Testator, wenn sich sein Wille oder die Verhältnisse änderten, hinderlich werden.

Das römische Recht hat es deshalb vorgezogen, an die Verfügungen unter Lebenden anzuknüpfen*) und die feierliche Form für Veräußerungen, die mancipatio, auch zu Verfügungen über den Nachlaß zu benutzen. Indessen ist dies lediglich der geschichtliche Ausgangspunkt gewesen. Das entwickelte Testament der späteren Republik ist nur noch der äußeren Form nach eine Manzipation des Nachlasses, in Wirklichkeit aber ein Gesetz, welches das Familienhaupt kraft seiner Machtvollkommenheit für sein Vermögen und seine Familie giebt. Aus dieser Grundidee folgt die freie Widerruflichkeit, auf die nicht einmal ein Verzicht möglich ist; die vom Erblasser getroffenen Verfügungen sind Befehle, denen volle Rechtskraft zukommt wie einem wirklichen Gesetze, und die deshalb vielfach Wirkungen haben, welche durch private Rechtsgeschäfte unter Lebenden niemals erreicht werden können. Der Erbe wird durch sie in strengster Art verpflichtet, an vermachten Sachen geht — was sonst nicht möglich ist — das Eigentum ohne Besitzübertragung und ohne mancipatio von selbst zu quiritarischem Recht auf den Bedachten über. Es ist sehr wahrscheinlich, daß diese Regeln sich ursprünglich für das testamentum in calatis comitiis*) entwickelt haben, welches der Testator nach der Vorprüfung durch die pontifices unter Solennisation der Volksversammlung errichtete, und daß sie erst später auf das Manzipationstestament übertragen wurden. Nachdem indessen die zwölf Tafeln dem Inhalte der Manzipationstestamente ausdrücklich volle Rechtskraft beigelegt hatten, konnten diese sich selbständig entwickeln.

In der That hat den Römern das Testieren zu allen Zeiten als eine Prärogative des paterfamilias gegolten. Der filiusfamilias kann es nicht einmal mit Einwilligung seines Vaters. Die einzige Ausnahme, welche je gemacht worden ist, nämlich die Ausnahme zu Gunsten der Soldaten, erklärt sich dadurch, daß das Soldatentestament in materieller wie formeller Beziehung völlig außerhalb

---

*) Auf das testamentum in calatis comitiis, das für die Geschichte des Testaments weniger einflußreich gewesen ist, gehe ich hier nicht ein; insbesondere auch nicht auf die bei der Lückenhaftigkeit der Quellen sehr zweifelhafte Frage, inwiefern es mit der alten arrogatio per populum zusammenhängt.

des römischen Systems steht. Im übrigen wirkt die alte Anschauung bis in das Justinianische Recht nach, wenn den Haussöhnen für ihr freies Vermögen zwar unbeschränkte Verfügung unter Lebenden, aber nicht das Testieren gestattet wird.

Nach römischer Anschauung soll der Testator testieren, er erfüllt dadurch eine unabweisliche Pflicht. Es ist eine Schande, wenn er kein Testament hinterläßt, oder wenn das hinterlassene Testament aus irgend einem Grunde nicht zur Geltung kommt. Auf die Fortbildung des Intestaterbrechts hat dies natürlich lähmend gewirkt. Da es nur in wenigen Ausnahmefällen, die man nicht als normal betrachtete, zur Anwendung gelangte, so konnte die gänzlich veraltete Erbfolgeordnung der zwölf Tafeln bis in die Kaiserzeit bei Bestand bleiben.

Auch das Testamentserbrecht nahm unter diesen Verhältnissen eine eigentümliche Gestalt an. Da der Wille des Erblassers prinzipiell schrankenlos war, so konnte ein Schutz gegen Mißbrauch dieser Freiheit nicht entbehrt werden. Die römischen Juristen griffen zu einem seltsamen, aber nicht unwirksamen Mittel, indem sie die Testamente der äußersten Formenstrenge unterwarfen. Um den vielfachen bekannten und verborgenen Schlingen der rabulistischen Auslegekunst zu entgehen und ein unanfechtbares Testament zu stande zu bringen, war der Testator gezwungen, jede Verfügung genau zu bedenken, die gegenwärtigen und die künftigen Verhältnisse, welche dereinst bei seinem Tode vorliegen konnten, wohl zu erwägen, und dann mit Berücksichtigung aller Umstände und unter Wahrung einer sehr komplizierten Form sein Testament zu komponieren. Jeder Verstoß dagegen, selbst das Eintreten von Ereignissen, welche nicht vorhergesehen waren, konnte Nichtigkeit herbeiführen. Es ist merkwürdig, daß die Römer darin trotz ihrer großen Achtung vor dem Willen des Erblassers keine Unbilligkeit fanden. In älterer Zeit muß sogar die Entwickelung künstlicher und verzwickter Regeln für die Testamente allseitig begünstigt worden sein, offenbar, um das Testieren zu einem schwierigen Akt zu machen, der ohne die sorgfältigste Überlegung und ohne den Beirat von Rechtsverständigen überhaupt unmöglich war. Beides wirkte naturgemäß moderierend und war wohl geeignet, unverständige Bestimmungen in vielen Fällen zu verhindern.

Auf dem Prinzip des Formenzwanges beruht auch das sogenannte formelle Noterbrecht.*) Der Testator muß seine hausgehörigen Kinder, die durch seinen Tod selbständig werden, erwähnen und entweder ausdrücklich zu Erben einsetzen oder ausdrücklich enterben. Die Enterbungsformel muß bei den Substitutionen, welche bei den Römern bekanntlich sehr häufig waren, wiederholt werden, und man sieht schon hieraus, daß man die Formen absichtlich häufte. Da die Enterbungen nach einem allgemein angenommenen Grundsatze möglichst strenge ausgelegt wurden, so war die größte Umsicht und Rechtskenntnis notwendig, um ein Testament, welches solche Enterbungen aussprach, vor Anfechtung zu sichern. Daß auch dies dem römischen Rechtsgefühl vollkommen entsprach, das beweist nicht nur der unveränderte Fortbestand jener Regeln, sondern noch mehr der Umstand, daß in dem jüngeren prätorischen Rechte, welches gerade die Bestimmung hatte, den Zeitbedürfnissen zu genügen, das Noterbrecht auf die aus der väterlichen Gewalt entlassenen Kinder ausgedehnt und übrigens die Zahl der geltenden Regeln noch etwas vermehrt wurde. Man wollte ein kompliziertes und schwer zu handhabendes Institut schaffen.

Das formelle Noterbrecht zwang den Testator, nicht nur die Ansprüche seiner gegenwärtigen Kinder zu erwägen, sondern auch für die später geborenen im voraus zu sorgen. Er mußte ferner an die Möglichkeit denken, daß jedes der gegenwärtigen Kinder vor ihm sterben könnte, und für diesen Fall die Nachkommen des Verstorbenen berücksichtigen. Da die väterliche Gewalt lebenslänglich dauerte und der römische paterfamilias nicht nur Kinder, sondern auch Enkel und Urenkel unter sich haben konnte, so war durch alle jene Regeln der Zweck, das Testieren zu einem recht schwierigen und umständlichen Akte zu machen, in aller wünschenswerten Vollkommenheit erreicht.

In einem gewissen Zusammenhang mit dem Formalismus steht auch das Prinzip der Einheitlichkeit der Erbfolge, nach welchem

*) Die Römer selbst begründen es mit dem Gesamteigenthum der Familienglieder am Familiengute. Der paterfamilias könne dem Haussohn freilich seinen Anteil nehmen, aber er müsse dies ausdrücklich thun. Indessen hat offenbar das Prinzip des Formenzwanges mitgewirkt, da sonst auch eine stillschweigende Enterbung hätte anerkannt werden müssen.

diese entweder ausschließlich nach einem Testamente oder ausschließlich nach dem Intestaterbrecht stattfinden muß.*) Testaments- und Intestaterben sind also neben einander nicht möglich, auch dann nicht, wenn der Testator es gewollt hat. Von unserem Standpunkt aus ist der Satz unberechtigt, denn wenn man dem Erblasser die Verfügung über sein Vermögen gestattet, so kann er seine Dispositionen doch sehr wohl auf einen Teil der Erbschaft einschränken, um es für den andern Teil bei der gesetzlichen Erbfolge zu belassen. Nach römischer Anschauung aber soll testiert werden, und die Intestaterbfolge tritt nur ein, wenn es nicht gelungen ist, ein gültiges Testament zu stande zu bringen. Daß jemand selbst die Geltung seines Testaments beschränken sollte, erscheint widersinnig, da das Testament gerade den Zweck hat, die Intestaterbfolge auszuschließen.

So zeigt sich denn, wohin wir blicken, ein fundamentaler Unterschied zwischen römischer und moderner Anschauung. Unser Erbrecht muß auf anderen Grundlagen aufgebaut werden. Wir brauchen ein Intestaterbrecht, welches nicht der regelmäßigen Korrektur durch Testamente bedarf, und brauchen ein Testamentserbrecht, welches, so weit nötig, durch bestimmte gesetzliche Normen eingeschränkt ist und im übrigen den Willen des Testators unbehindert durch künstliche Formvorschriften zur Geltung bringt. Die römischen Juristen haben das gesetzgeberische Problem für die Sitten ihres Volkes und die Bedürfnisse ihrer Zeit vorzüglich gelöst, für uns bilden ihre Leistungen ein gutes Muster, an dem wir lernen können, aber unmittelbar verwendbar sind sie für uns nicht.

Nun ist es aber nicht möglich, die modernen Ideen in der römischen Form zu verwirklichen, denn die Form und der ideale Gehalt eines Rechts sind so innig mit einander verbunden, daß sie nicht getrennt werden können. Außerdem hängt die technische Behandlung, welche die Römer ihrem Erbrechte angedeihen ließen, vielfach mit Verhältnissen zusammen, welche heute nicht mehr bestehen. Ein Blick darauf wird uns auch in dieser Beziehung einen grundsätzlichen Unterschied zwischen der damaligen und der jetzigen Zeit erkennen lassen.

*) Die Römer drücken dies bekanntlich durch das Rechtssprichwort aus: „nemo pro parte testatus pro parte intestatus decedere potest."

3. Das Prinzip der Universalsuccession.

Den Mittelpunkt des römischen Erbrechts bildet der Begriff des Erben. Wenn es nun darauf ankommt, das römische Recht vom Standpunkte des heutigen Bedürfnisses aus einer Kritik zu unterwerfen, so muß dieser Grundbegriff notwendig den Ausgangspunkt bilden. Von der Frage, ob der Erbe die Stellung behalten soll, welche ihm das römische Recht zuweist, hängen die weitaus meisten Einzelfragen ab, insbesondere die Form des Erwerbes der Erbschaft und in weiterer Folge sogar die Berufung dazu.

Dem Erben kommt im römischen Rechte dreierlei zu:

1. Er erhält den aus der Erbschaft resultierenden Vorteil.
2. Er ist Liquidator der Erbschaft.
3. Er haftet persönlich für die Schulden der Erbschaft.

Bis zu Justinian sind diese drei Folgen untrennbar von dem Begriff des Erben. Sie traten aber nicht gesondert hervor, denn sie wurden auf eine sehr einfache Weise vermittelt, indem Rechte und Pflichten auf den Erben übergingen. Dadurch wurde diesem der aus der Erbschaft resultierende Vorteil von selbst gesichert, ebenso wie die Schuldenhaftung von selbst eintrat, und ein besonderes Liquidationsverfahren wurde überhaupt unnötig.

Schon die Juristen der klassischen Zeit fanden hierfür den Ausdruck „succedere in universum jus defuncti", und das Gemeine Recht hat daraus den Begriff der Universalsuccession entwickelt. Das Vermögen des Erblassers geht nach dieser Theorie ununterscheidbar in dem des Erben auf. Eine mystische Richtung, welches sich bisweilen in der Jurisprudenz geltend macht, hat darin noch mehr sehen wollen; man hat davon gesprochen, daß der Erbe die „vermögensrechtliche Persönlichkeit des Erblassers in sich aufnehme", ja sogar, daß der Erblasser hierdurch eine Art von Unsterblichkeit erhalte.

Das ist unrömisch und überhaupt unjuristisch. Streng genommen ist selbst der Begriff der Universalsuccession, wie er heute allgemein gefaßt wird, unrömisch. Denn ein Uebergang der Gesamtheit der Rechtsverhältnisse des Erblassers findet keineswegs statt. Daß die Familienrechte davon ausgeschlossen sind, ist durch ihre Natur bedingt, weniger selbstverständlich ist es, daß auch Erbrechte durch den Tod erlöschen. Von vermögensrechtlichen Activis scheiden die actiones vindictam spirantes aus. Am meisten aber widerspricht die Behandlung der Schulden dem Begriff der Universalsuccession. Ursprünglich gehen nur Buchschulden (nomina) über, und wenn das auch auf andere Vertragsschulden und vertragsähnliche Schulden ausgedehnt wird, so bleiben doch alle Deliktsschulden, ja sogar Bürgschaftsschulden ausgeschlossen. Selbst als das Verkehrsbedürfnis die Haftung für Deliktsschulden verlangte, ging man nicht auf den Begriff der Universalsuccession zurück, sondern brachte die Grundsätze über die ungerechtfertigte Bereicherung zur Anwendung. Es mag dabei der praktische Gesichtspunkt maßgebend gewesen sein, daß man die Schuldenhaftung des Erben, die dieser auf keine Art vermeiden konnte, so wenig wie möglich vermehren wollte, um nicht von der Antretung der Erbschaften abzuschrecken. Auch mag der Grund mitgespielt haben, daß der Umfang von Deliktschulden sich schwerer übersehen läßt, als der Umfang vertragsmäßiger Verpflichtungen, für welche Kontraktsurkunden, Rechnungsbücher und sonstige Aufzeichnungen Anhaltspunkte zu gewähren pflegen. Aber immerhin ist ersichtlich, daß man weit entfernt war, ein fest entwickeltes, allgemein geltendes Institut der Universalsuccession anzuerkennen. Der Satz „heres succedit in universum jus defuncti“ ist den römischen Juristen kein Rechtssatz, sondern lediglich eine Rechtsregel, die eine Reihe juristischer Erscheinungen unter einen Gesichtspunkt zusammenfaßt, aber deshalb keineswegs nach allen Richtungen hin zur Anwendung kommt.

Der Grundgedanke ist im römischen Rechte derselbe wie in anderen Rechten, und der Unterschied liegt lediglich in der technischen Durchführung. Schulden haben eine doppelte Richtung, einmal gegen die Person des Schuldners, dann aber auch gegen dessen Vermögen, es ist daher billig, daß ein Vermögen bei dem Übergange auf eine andere Person in irgend einer Form für diejenigen pekuniären Lasten verhaftet bleibt, die zu tragen es zur Zeit des früheren Inhabers bestimmt war. Das ist ein Prinzip, das allerdings nicht gleichmäßig für die verschiedenen Arten von Lasten (sacrale Verpflichtungen, Obligationen) und für die verschiedenen Arten des Vermögensanfalles (conventio in manum, arrogatio, Erbfall) durchgeführt war. Eine allgemeine

Norm darüber hat es zweifellos nicht gegeben, sondern eine Anzahl von Einzelbestimmungen, welche sehr von einander abweichen. Bei der Manusehe sorgte das ältere Recht nur für den Fortbestand der Opferverpflichtungen, die damals wohl für die wichtigeren galten, indem es festsetzte, daß sie auf den Erwerber des Vermögens übergehen sollten; bekanntlich wurde das in einer späteren, weniger frommen Zeit gerade dazu benutzt, um veraltete Opfer aufzuheben. Für bürgerliche Schulden hatte das Civilrecht in dem Falle, daß der Schuldner sich in die Gewalt eines anderen begab, überhaupt nichts vorgesehen: das Vermögen fiel dann an den neuen Gewalthaber, und die Schulden gingen unter. Hier half erst der Prätor, indem er den Schuldner und sein früheres Vermögen auch jetzt noch für haftbar erklärte und dem Gläubiger dieselben Klagen gewährte, die er vorher gehabt hatte.

Bei Erbschaften hatten die zwölf Tafeln nur von dem Uebergang der Buchforderungen gesprochen. Daran anknüpfend machte man einen scharfen Unterschied zwischen Vertrags- und Deliktsschulden. Nur die ersteren lasteten der damaligen Anschauung zufolge auf dem Vermögen selbst und gingen daher notwendig auf den Erwerber des Vermögens über, die letzteren hafteten allein an der Person und gingen mit deren Tode unter. Es ist dieselbe Anschauung, welche auch der Prätor für Obligationen von gewaltuntergebenen Personen zu Grunde legte. Den Kontraktsschulden haftete das peculium, welches nach der Volksansicht dem Vermögen eines Gewaltfreien gleichstand, mit der actio de peculio, den Deliktsschulden die Person des Delinquenten mit der actio noxalis.

Man sieht, alles ist im Flusse; es giebt allerdings ein durchgehendes Prinzip, aber dieses gilt nicht allgemein und nicht gleichmäßig. Bei der Haftung des Erben liegt den Römern jede mystische Vorstellung von einem Aufgehen der Persönlichkeit des Erblassers in der des Erben fern, es greift lediglich der Grundsatz Platz: wer das Vermögen erwirbt, übernimmt damit die Schulden. Das wird dann auch, durchaus unabhängig von dem Begriff der Universalsuccession, auf denjenigen ausgedehnt, der durch usucapio pro herede am meisten von den erbschaftlichen Sachen ersessen hat.

Jene Universalsuccession des Erben scheint, wenngleich sie, wie wir gesehen haben, nur mit Beschränkungen durchgeführt wurde, eine große

Vereinfachung des Erbrechts zur Folge gehabt zu haben. Aber es läßt sich nicht verkennen, daß sie auf der andern Seite sehr große technische Schwierigkeiten bereitet hat. Da das Prinzip zu weit griff und die Interessen der Erbschaftsgläubiger gefährdete, wurde es nötig, ihnen ein vorzugsweises Recht auf Befriedigung aus der Erbmasse zu gewähren, damit sie nicht etwa durch die Gläubiger eines überschuldeten Erben beeinträchtigt würden. Da die persönliche Haftung dem Erben einer überschuldeten Erbschaft mit großen Nachteilen drohte, mußte Justinian das beneficium inventarii einführen. Da ferner der Erbe lästige Pflichten und erhebliche Gefahren übernahm, mußte eine komplizierte Lehre vom Erbschaftserwerbe entwickelt werden. Es erscheint den Römern unbillig, daß jemand ohne sein Zuthun Pflichten auferlegt werden. Daher war zum Erbschaftserwerb regelmäßig ein Willensakt nötig, und das Bedürfnis, diesen Willensakt in jeder Beziehung bestimmt und zweifellos zu gestalten, machte eine Reihe von Vorschriften erforderlich. Wenn der Erwerb, wie bei den sui, ipso jure erfolgte, so ließ der Prätor die Haftung erst mit dem Momente beginnen, wo der Erbe in die Erbschaft eingriff. Aber jenes Prinzip äußerte seinen Einfluß noch viel weiter. Ein Erbe war unbedingt notwendig, weil es sonst an einem Liquidator und einem Vertreter gegenüber den Erbschaftsgläubigern gefehlt hätte. Man ging deshalb weiter. Wenn der zunächst berufene Erbe ablehnte, so berief das prätorische Recht andere an ihrer Stelle, um die Hoffnung, dem Vermögen einen Herrn zu geben, bis an die Grenze der Möglichkeit aufrecht zu erhalten. Die Succession war dem Civilrecht fremd, aber die endlosen Substitutionen, welche in den Testamenten üblich waren, zeigen, daß ein dringendes Bedürfnis danach bestand, und diesem folgte denn auch der Prätor, als er in seinem Edikt die successio ordinum et graduum einführte.

Zieht man das Facit, so kann kaum ein Zweifel sein, daß die durch die Universalsuccession veranlaßten Komplikationen die Vereinfachungen, welche dadurch möglich geworden sind, bei weitem überwiegen. Es fragt sich daher, aus welchem Grunde die Römer an dem unmittelbaren Uebergang der Forderungen und Schulden auf den Erben so zähe festhielten, daß dieses Moment mit Recht für das charakteristische Merkmal ihres Erbrechtes erklärt werden kann. Die Frage ist um so dringlicher, als es nicht an Anzeichen fehlt, daß schon die klassischen Juristen die unbeschränkte Haftung des Erben für einen großen Uebelstand ansahen, der aber ertragen werden mußte, da er auf keine Art zu vermeiden war. Eine echt moderne Antwort wäre es, zu sagen, man habe an dem Prinzip der Universalsuccession nicht rütteln mögen. Bei uns ist es ja vorgekommen, daß Verbesserungsvorschläge mit der Begründung zurückgewiesen wurden, sie verstießen gegen das Prinzip eines Gesetzes. Die Römer haben aber gerade die entgegengesetzte Anschauung; paßt ein Rechtsprinzip auf die Lebensverhältnisse nicht, so verlangen sie nicht, daß diese sich fügen, sondern sie schließen, daß das Prinzip falsch ist.*) Deshalb haben sie nie Bedenken getragen, gegenüber einem Prinzip den anerkannten praktischen Bedürfnisse (utilitas) Raum zu gewähren. Die Praxis ging in solchen Fällen sehr entschieden vor, und die Gesetzgebung hat sich vollends durch akademische Bedenken niemals einschränken lassen.

Der Grund muß also auch hier ein praktischer sein. Und er liegt offenbar in dem Mangel eines gerichtlichen Liquidationsverfahrens. Hierdurch wurde das Bestreben bedingt, auf jede mögliche Art einen verantwortlichen und selbstinteressierten Liquidator zu erhalten. Das römische Beamtentum eignete sich zu Verwaltungen nicht, man suchte solche schon in staatlichen Angelegenheiten zu vermeiden, indem man Gefälle verpachtete, öffentliche Bauten an Bauunternehmer verdang, und verstand sich dazu in Privatsachen erst recht nicht. Daher schritt man lieber zum Verkauf des Vermögens im Ganzen bei Konkursen und selbst bei Proskriptionen. Später wäre ein vom Staate ausgehendes Liquidationsverfahren allerdings möglich gewesen, aber beliebt war ein solches bei den Römern nie, und statt der Nachteile, die es immerhin hat, ließ man es lieber bei dem Uebelstande der unbeschränkten Haftung bewenden, da man seit lange daran gewöhnt war. Selbst Justinian behielt bei Einführung des Inventarrechts die Privatliquidation bei.

Bei dem Konkurse wurde in der Person des bonorum emtor künstlich ein Liquidator geschaffen, bei der Erbschaft war dies nicht nötig, der Liquidator bot sich in der Person des Erben von selbst dar. Sein eigenes Interesse geht in den weitaus meisten Fällen sehr

*) S. darüber meine Schrift „Kauf, Miete" u. s. w. S. 5.

entschieden dahin, die Liquidation selbst zu führen. Aber auch wo das nicht der Fall war, konnte man die Last, die notwendig jemand übernehmen mußte, am ersten demjenigen zumuten, dem der eventuelle Gewinn des Geschäftes zufiel. Wo der Gewinn zweifelhaft wurde, fehlte nun allerdings der Antrieb für den Erben, und es war zu fürchten, daß er die Erbschaft ablehnen möchte. Eine Ausnahme machten die Römer aber trotzdem nicht, da es dann überhaupt an einem Liquidator gefehlt hätte, sondern sie suchten Mittel, dem Erben wenigstens einen gewissen Vorteil zu sichern, welcher ihn zum Antritt bewegen sollte. Hierhin gehörte die lex Falcidia und der Schuldennachlaß; auch an der addictio hereditatis libertatum conservandarum causa hat die Tendenz, einen Erben zu schaffen, ebensoviel Anteil wie die Begünstigung der Freiheit.

So ist denn der römische Erbe notwendig zugleich Liquidator der Erbschaft. Er hat die Geschäfte des Erblassers fortzusetzen und abzuwickeln, seine letztwilligen Bestimmungen auszuführen, in seine Verpflichtungen einzutreten. Ohne ihn würde der Verkauf des Vermögens unabwendbar sein, welcher nach römischer Anschauung den Namen des Verstorbenen noch nach dem Tode infamieren würde. Der Erbe, welchen der Testator sich selbst ernannt hat, ist daher zugleich dessen Vertrauensmann, der neben der Erbenstellung die Funktionen eines heutigen Testamentsvollstreckers hat. Damit hängt zusammen, daß zu einer solchen Stellung nur eine certa persona ernannt werden kann, daß die Wahl nicht in das Belieben eines Dritten gestellt werden kann, und ähnliche Regeln. Der Wille des Testators ist frei, aber es muß sein eigener, überlegter und bestimmter Wille sein.

Es ist nach römischer Anschauung das Normale, daß ein solcher vom Erblasser selbst eingesetzter Erbe den Nachlaß übernimmt. Der Erblasser hat die Pflicht, für einen solchen Erben zu sorgen. Der von ihm giltig Ernannte geht den Intestaterben unbeschränkt vor; wir haben gesehen, daß die Juristen den Satz: „nemo pro parte testatus pro parte intestatus decedere potest“ aufstellen; und die weitere Folge war, daß bei dem Wegfall einzelner testamentarischer Erben der frei gewordene Teil an die anderen testamentarischen Erben fiel, was nicht einmal durch positive Bestimmung ausgeschlossen werden konnte. Ein solcher Ausschluß hat vom römischen Standpunkt aus überhaupt keinen vernünftigen Sinn. Da der Testator selbst für seinen Nachlaß sorgen soll, so muß es seinem wohl erwogenen Willen entsprechen, daß der von ihm auf ein Hundertstel Eingesetzte eventuell, wenn die anderen Testamentserben fortfallen, mit Vorzug vor den Intestaterben den ganzen Nachlaß erhält. Wenn freilich alle Testamentserben fortfallen, so wird das Testament kraftlos: der letzte Wille des Verstorbenen ist dann nicht ausführbar. Nun macht man den Versuch, wenigstens eine geschäftliche Regulierung herbeizuführen, und es tritt als Notbehelf das Intestaterbrecht ein. Auch dieses kann der Testator nicht ausschließen. Er mag über sein Vermögen von Rechts wegen verfügen; thut er das aber nicht, oder sind seine Verfügungen nicht ausführbar, so müssen die gesetzlichen Regeln eintreten. Ein Ausschluß des Erbganges wäre vom römischen Standpunkte wieder geradezu unsinnig, er könnte höchstens die Nachlaßgläubiger chikanieren und müßte übrigens zur Folge haben, daß der Nachlaß in Konkurs geriete, wodurch der Name des Erblassers infamiert werden würde.

Die volle Schuldenhaftung des Erben ergab sich nach dem, was oben ausgeführt worden ist, von selbst. Es entspricht der römischen Anschauung, daß der Liquidator auf eigenes Risiko liquidiert, da nun einmal ein jeder seine eigenen Angelegenheiten am besten zu besorgen pflegt. Wie man daher bei dem Konkurse dem bonorum emtor das Risiko zuschob, so bei der Erbschaft dem Erben; das Äquivalent für die Übernahme bildete in beiden Fällen die Hoffnung auf einen Überschuß, der sich dabei ergeben würde. Natürlich war bei dem Erben regelmäßig nicht, wie bei dem bonorum emtor, eine Ermäßigung der Forderungen nötig, damit Aussicht auf einen Überschuß blieb, er wurde daher vor die Wahl gestellt, die Erbschaft mit allen Schulden anzunehmen oder abzulehnen. Bei Überschuldung der Erbschaft war aber auch ihm die Möglichkeit gegeben, einen Forderungsnachlaß zu erreichen.

Undenkbar wäre es auch vom römischen Standpunkte nicht gewesen, die Haftung auf den Betrag der Erbschaft zu beschränken. Denn bei Verträgen von Kindern und Sklaven gab man dem anderen Kontrahenten gegen den Vater oder Herrn eine Klage bis zur Höhe von dem peculium des Kindes oder des Sklaven. Aber die Verhältnisse von peculium und Erbschaft waren wesentlich verschieden. Man konnte dem Erben zwar die Wahl zwischen Schuldenübernahme und Ablehnung stellen, aber nicht dem Familienvater die unbedingte Haftung für die Verträge seiner Gewaltuntergebenen aufbürden. Auch wußte derjenige, welcher mit einem Gewaltuntergebenen kontrahierte, im voraus, in welchem Umfange er später seine Forderung geltend machen könnte, während der Gläubiger eines selbständigen Mannes es als Unbilligkeit empfunden haben würde, wenn er durch Erbgang in eine ähnliche Lage gegenüber einem unbekannten Erben geraten wäre.

Resumieren wir. Aus praktischen Gründen hatte man dem Erben die Liquidation übertragen und hatte ihm dann, weil er Liquidator war, die Haftung für die Schulden auferlegt. Aber das alte System ist bereits mehrfach durchbrochen. Nach Justinianischem Rechte vermeidet der Erbe die persönliche Haftung für die Schulden, wenn er ein Nachlaßinventar errichtet. Das Normale ist nach Ansicht des Gesetzgebers bereits die beschränkte Haftung, und die unbeschränkte Haftung stellt sich nicht mehr als eine notwendige Folge des Erbschaftsantrittes, sondern vielmehr als eine Folge der Versäumung der Inventarerrichtung dar, welche den Gläubigern die Gewähr für ihre Befriedigung aus dem Nachlasse bieten soll.

Das Gemeine Recht ist noch einen Schritt weiter gegangen. Nach deutscher Rechtsitte entzieht der Testator im Testamente oft dem Erben auch die Liquidation und überträgt sie einem Testamentsvollstrecker. Von den früheren Konsequenzen der Erbenstellung tritt demnach heutzutage nur noch Eine notwendig ein: daß der Erbe Anspruch auf den aus der Erbschaft resultierenden Vorteil hat.

---

4. Die Stellung des Erben.

Die Frage, ob notwendig eine Universalsuccession im romanistischen Sinne eintreten muß, hat nicht nur theoretische, sondern eine hervorragend praktische Bedeutung. Mit dem Prinzip der unbedingten Universalsuccession nehmen wir ein gutes Teil der altrömischen Formaljurisprudenz in unser modernes Recht mit hinüber. Gewisse testamentarische Bestimmungen müssen, um in das System hineinzupassen, in einer Weise umgedeutet werden, die mit dem wirklichen Willen des Erblassers nicht übereinstimmt, und das ist für uns um so bedenklicher, als die römische scharfe Unterscheidung zwischen Erben und Vermächtnisnehmern bei uns keineswegs volkstümlich ist. Die Juristen werden durch das geltende Recht gezwungen, mittels einer künstlichen Interpretation in deutsche Testamente völlig fremdartige Begriffe hineinzubringen.

In vielen Fällen wird auch die sachlich richtige Disposition über die Erbschaft verhindert oder mindestens erschwert. Wenn mehrere Erben vorhanden sind, so erhalten sie nach dem Prinzip der Universalsuccession sämtliche erbschaftlichen Rechte zu Bruchteilen, wodurch ein Auseinandersetzungsverfahren unter ihnen unvermeidlich wird. Freilich kennt schon das römische Recht den Fall, daß einzelnen Erben bestimmte Vermögensstücke ausschließlich zugewiesen werden, die sogenannte heredis institutio ex re certa; Jurisprudenz und Gesetzgebung haben sich viel mit ihm beschäftigt, aber das Resultat läuft schließlich darauf hinaus, daß im Widerspruch zu dem Willen des Erblassers auf irgend eine Weise Bruchtheile herauskonstruiert werden.

Entsprechende gesetzliche Maßregeln werden durch das Prinzip ebenfalls gehindert. Es ist nicht unberechtigt, wenn man das römische Erbrecht für manche Mißstände, welche in neuerer Zeit hervorgetreten sind, verantwortlich gemacht hat. Die Teilung der Erbschaft in Bruchtheile erweist sich für gewisse Vermögensstücke, wie Landgüter, häufig als ungeeignet. Freilich giebt die Ausgleichung der Interessen des Erben, dem das Gut zugewiesen wird, mit den Interessen der anderen Erben zu vielen Zweifeln Anlaß, aber sicher ist, daß sie auf dem von den Römern beliebten Wege nicht geschehen kann. Wenn ein schuldenfreier Gutsbesitzer sechs Kinder hinterläßt, so kommt der, welcher das Gut übernimmt, sofern er kein sonstiges Vermögen besitzt, bei wirklich gleicher Teilung von vornherein in eine fast unhaltbare Lage. Meist wäre der Verkauf der einzige rationelle Ausweg, aber auch er entspricht den Interessen der Hinterbliebenen nicht, da sich bei sofortiger Veräußerung nicht immer der volle Wert des Grundstücks realisieren läßt. Auch würde er oft dem Familiengefühl und den Wünschen des Erblassers widerstreiten. Es ist hier nicht der Ort, auf die einzelnen Maßregeln einzugehen, welche im Interesse der Landwirthschaft empfohlen werden können, ohne der Billigkeit zu nahe zu treten, auch nicht der Ort, zu untersuchen, inwieweit durch

Ausdehnung der Testierfreiheit und Einschränkung der Pflichtteilsrechte geholfen werden kann, ob eine Abfindung der anderen Erben durch mäßige Summen oder durch Eintragung von unkündbaren Renten vorzuziehen ist; jedenfalls muß von dem neuen Rechte verlangt werden, daß es für solche Institute, welche durch die modernen Verhältnisse nötig werden, einen möglichst weiten Rahmen darbietet, und daß alle Beschränkungen fortfallen, welche lediglich in römischen Verhältnissen ihren Grund hatten.

Wenn nun das alte Prinzip schon im Gemeinen Rechte nach mehreren Richtungen hin durchlöchert war, so sollte heute überhaupt nicht mehr die Frage aufgeworfen werden, ob ein Zurückschrauben des Erbrechts auf den Standpunkt des römischen Rechts möglich oder auch nur denkbar ist. Der Hauptgrund, welcher die Römer leitete, daß nämlich der Erbe zur Liquidation der Erbschaft notwendig war, ist heute fortgefallen, und andererseits sind die Konsequenzen der römischen Grundsätze derartig, daß sie bei uns doch nicht durchgeführt werden können.

Leider hat aber der Entwurf erster Lesung das Prinzip der Universalsuccession aufgenommen und es für so wichtig gehalten, daß er es ausdrücklich sanktioniert und an die Spitze des Abschnittes über Erbrecht setzt. § 1749 sagt:

> „Mit dem Tode einer Person (Erbfall) geht das Vermögen derselben als Ganzes (Erbschaft) auf eine oder mehrere andere Personen (Erben) über. Der Übergang des Vermögens als eines Ganzen (Erbfolge) kann von dem Erblasser nicht ausgeschlossen werden."

Eigentlich gehören solche Konstruktionsfragen überhaupt nicht in ein Gesetzbuch. Wenn die Redaktoren das Prinzip der Universalsuccession zu Grunde legen wollten, so mußte es sich aus den einzelnen gesetzlichen Bestimmungen ergeben, und es war Sache der Wissenschaft, dies festzustellen. Die ausdrückliche Sanktion des Prinzips war daher nicht nötig, sie entsprang wohl dem persönlichen Wunsche der Redaktoren, eine Konstruktion, an die sie als Juristen gewöhnt waren, gegen alle Anfechtungen zu sichern.

Es verlohnt sich aber, einmal an einzelnen praktischen Fällen zu untersuchen, was für Resultate man bei der Anwendung der römischen

Konstruktion auf moderne Testamente erhält. Im Jahre 1879 wurde z. B. in Rostock folgendes Testament errichtet:

§ 1. Zum Erben meines Nachlasses setze ich ein meinen einzigen Neffen v. H.

§ 2. Mein Neffe soll von meinem Nachlasse erhalten: 1. die eine Hälfte meines gesamten Baarvermögens und meiner Wertpapiere sowie 2. diejenigen Mobilien, Kunstsachen, Bilder u. s. w., welche sich gegenwärtig im Hause des A. befinden.

§ 3. Ueber die andere Hälfte meines Baarvermögens und über meine sonstigen Sachen verfüge ich folgendermaßen:

1. Meinem Reisebegleiter und Freunde M. legiere ich den vierten Teil meines gesamten Baarvermögens, sowie meine sämmtlichen Sachen, welche sich zur Zeit meines Ablebens bei mir befinden werden.

Unter 2—5 folgen mehrere Legate.

6. Den dann noch verbleibenden Rest bestimme ich meiner Vaterstadt Rostock, und soll derselbe für gemeinnützige Institute und milde Stiftungen verwandt werden.

§ 4. Zu Vollstreckern meines letzten Willens ernenne ich die Herren B. und G., und sollen dieselben befugt sein, meine vorhandenen Werthpapiere, als Hypothekenscheine, Stadtbuchschriften, Bankaktien u. s. w. zu veräußern, Schuldforderungen zu erheben, Vergleiche abzuschließen, Tilgungen und Umschreibungen bei den Hypothekenbehörden zu beantragen, Kapitalien zu kündigen, dieselben wie auch Zinsen und Dividenden zu erheben, Wertpapiere an dritte resp. an meine Erben und Legatare zu übertragen und überhaupt meinen Nachlaß aktiv und passiv zu vertreten.

Das Testament ist mit umfangreichen, aber unwesentlichen Kürzungen, im übrigen wörtlich hierher gesetzt, um an einem der Wirklichkeit entlehnten Beispiele zu zeigen, wie disparat heutige Lebensanschauungen und romanistische Schulkonstruktionen sind. Verfügungen wie die vorstehenden bieten ja ein vorzügliches Material zur Übung im Konstruieren und sind wie geschaffen für ein romanistisches Praktikum. Zunächst haben wir ein schönes Beispiel der viel umstrittenen heredis institutio ex re certa, dann können wir die Frage aufwerfen, welchen Charakter das Vermächtnis an die Stadt Rostock in § 3 unter 6 trägt, und gelangen, je nachdem wir sie beantworten, zu ganz verschiedenen Rechtsverhältnissen.*) War es ein Singularvermächtnis? ein Universalvermächtnis? War denn die Stadt Rostock gar — da es auf den gebrauchten Ausdruck nicht ankommt — im Sinne des Testators die eigentliche Erbin? Wohin wir blicken, überall die schönste Gelegenheit zum Konstruieren und Disputieren. Aber wir können uns doch nicht darüber täuschen, daß der Erblasser an nichts dergleichen gedacht hat, und daß das alles im Grunde nur Gedankenspielereien sind.

Nach römischem Recht würde v. H. Universalsuccessor werden, Forderungen und Schulden würden auf ihn übergehen, er würde auch die Liquidation der Erbschaft zu leiten haben, freilich am Schluß alles herausgeben müssen und nur die bestimmten ihm zugewiesenen Sachen und Papiere behalten dürfen. Aber schon nach Gemeinem Rechte tritt in Wirklichkeit eine Universalsuccession nicht ein. Es ist eine leere Fiktion, wenn man jemand zum Subjekt von Rechten machen will, von denen er kein einziges geltend machen darf, und die zur ausschließlichen Verfügung der Testamentsvollstrecker stehen. Billigerweise dürfte er auch nicht in die Schulden eintreten. Die romanistische Konstruktion würde hier die seltsame Folge haben, daß er, wenn die Testamentsvollstrecker kein Inventar errichten, selbst über den Betrag der Erbschaft persönlich für die Schulden haftet.

Daß diese Konsequenz den thatsächlichen Verhältnissen angemessen ist, wird niemand behaupten wollen; einem Laien wird man nicht einmal klar machen können, wie dergleichen möglich ist. Lehnt man sie ab, so bleibt von der Universalsuccession überhaupt nichts mehr übrig: der Bedachte würde das ihm Zugewiesene genau so wie ein Vermächtnisnehmer erhalten.

Das ist auch der Sinn des zwar nicht romanistisch, aber sehr verständig abgefaßten Testamentes. Das Vermögen geht — so hat

*) Der Zufall hat das Seine gethan, um den Fall noch „instruktiver" zu machen. M. starb vor dem Testator, und es entstand die Frage, wem sein Teil zu gut käme. Der Streit wurde durch Vergleich entschieden. Das gerichtliche Urteil würde in erster Linie davon abgehangen haben, welche Konstruktion die letzte Instanz gebilligt hätte, also von Dingen, welche mit dem heutigen Rechtsgefühl recht wenig zu thun haben.

sich der Testator das Rechtsverhältnis gedacht — mit dem Antritt der Erbschaft nicht etwa in einem anderen Vermögen auf, sondern bleibt zunächst ebenso selbständig, wie es vor dem Antritt als ruhende Erbschaft war. Vertreten wird es durch den Testamentsvollstrecker, welcher zunächst die Schulden zu tilgen und dann die Verteilung nach den im Testament festgesetzten Grundsätzen vorzunehmen hat. An eine Universalsuccession des als „Erben" Bezeichneten ist nicht im Entferntesten gedacht, derselbe bekommt das ihm Zugewiesene in derselben Art wie jeder Vermächtnisnehmer und ist auch an dem Ergebnis der Liquidation nicht mehr interessiert als ein Vermächtnisnehmer, nämlich lediglich insoweit, als er sich bei Unzulänglichkeit des Nachlasses eine Kürzung gefallen lassen mußte. Die Bezeichnung „Erbe" hat natürlich keine entscheidende Bedeutung, sie scheint nur gewählt zu sein, weil er vor allen andern bedacht werden sollte. Eher noch könnte man die Stadt Rostock für die eigentliche Erbin erklären, weil ihr der Erlös der Erbschaft nach Auskehrung des speziell Vermachten vollständig zufällt. Aber es ist offenbar, daß der Testator diese an letzter Stelle erwähnte Legatarin nicht zur Universalnachfolgerin machen, sondern ihr lediglich das, was nach der Aufteilung übrig blieb, zuwenden wollte.

Testamente wie das erwähnte kommen öfter vor, nur pflegt die Grundidee des Testators nicht so klar hervorzutreten. Sie würden übrigens unter einer Gesetzgebung, welche der heutigen Lebensanschauung Rechnung trüge, viel häufiger werden. Freilich ist es nicht notwendig, daß das Recht jeder Schrulle der Privaten Raum giebt. Der Parteiwille muß sich in dem Rahmen des Rechtes halten, und es ist in der Ordnung, daß er in eine juristische Form gebracht wird, wenn er in seiner ursprünglichen Gestalt nicht durchführbar ist. Aber hier liegt eine durchaus vernünftige Verfügung vor, und ihre juristische Undurchführbarkeit beruht lediglich auf einer positiven, jetzt durch nichts mehr gerechtfertigten gesetzlichen Bestimmung.

Die Römer hatten mit ähnlichen Rechtsanschauungen im Volke zu thun, wie uns unter anderem die uns überlieferten Testamente griechischer Philosophen deutlich beweisen. Eine heredis institutio ex re certa war vom Standpunkte des alten Rechts eigentlich eine contradictio in adjecto, man mußte sie aber schließlich anerkennen, weil das Recht nicht mächtig genug war, die bei den Griechen und wahrscheinlich auch anderswo eingebürgerte Rechtsitte zu beseitigen. An der Universalsuccession hielt man freilich noch fest, und zwar aus dem sehr triftigen Grunde, weil man eines Vertreters gegenüber den Erbschaftsschuldnern bedurfte. Dieser Grund ist heute weggefallen, man kann das Festhalten an der Notwendigkeit der Universalsuccession nicht damit rechtfertigen, daß es im Jahre 200 n. Chr. keine Testamentsvollstrecker und keine gerichtliche Erbschaftsregulierung gab.

Eine Nachlaßregulierung ohne Erben bietet auch nach dem System des Entwurfs erster Lesung keine Schwierigkeiten. Sie kann selbst in Ermangelung eines Testamentsvollstreckers durch einen vom Gericht ernannten Nachlaßverwalter erfolgen. Zunächst sind dann die Erbschaftsschulden zu bezahlen. Dabei können, wenn es nötig wird, natürlich auch solche Vermögensstücke herangezogen werden, welche der Testator bestimmten Personen zugewiesen hat: in solchem Falle hat er über mehr verfügt, als er durfte, und es muß, wenn keine andere Willensmeinung ersichtlich ist, verhältnismäßige Abminderung der Zuwendungen erfolgen. Bleibt andererseits nach Auskehrung aller Zuwendungen etwas übrig, so ist hierüber eben nicht verfügt, und der Ueberschuß muß schon nach den Bestimmungen des Entwurfs an die Intestaterben fallen.

Theoretische Schwierigkeiten bestehen ebenfalls nicht. Auf die berühmte Streitfrage, ob subjektlose Rechte möglich sind, werden wir nicht einzugehen brauchen. Man kann behaupten, daß alle Rechte menschlichen Interessen dienen sollen, aber nicht, daß alle einer bestimmten Person zustehen müssen. Es giebt schon nach römischem Recht selbständige Vermögen, für welche man keine bestimmte Person als Subjekt bezeichnen kann und andere, welche zwar einer bestimmten Person zustehen, von deren übrigem Vermögen aber in der einen oder andern Beziehung geschieden sind. Das peculium nach altem, das Vermögen der Handelsgesellschaft nach neuerem Recht sind schlagende Beispiele dafür. Ein jeder Nachlaß kommt heute in eine ähnliche Rechtslage, wie schon nach römischem Recht die ruhende Erbschaft und der erbenlose Nachlaß. Ob man in solchen Fällen von einem subjektlosen Vermögen oder von einer juristischen Person sprechen will, ist ein Wortstreit ohne praktische Bedeutung.

Der § 1749 des ersten Entwurfs bietet aber auch, abgesehen hiervon, zu manchen Bedenken Anlaß. Wenn der Testator, wie im erwähnten Falle, sein ganzes Vermögen verteilt und einen Testamentsvollstrecker ernennt, so wird er kaum einen praktischen Einfluß äußern, denn allen juristischen Konstruktionen zum Trotz dürfte die Regulierung genau so erfolgen, als wenn die Bestimmung nicht vorhanden wäre. Die Motive sehen ihre Bedeutung darin, daß „eine Disposition wirkungslos ist, welche sich darauf beschränkt, den Eintritt der Erbfolge zu verbieten, und daß, wenn der Erblasser ohne ausdrückliche oder stillschweigende Einsetzung eines Erben lediglich über einzelne Stücke des Nachlasses verfügt, die gesetzliche Erbfolge eintritt". Wie es sein soll, wenn der Erblasser über alle einzelnen Stücke des Nachlasses verfügt, sagen die Motive nicht, offenbar muß die gesetzliche Erbfolge, so sehr die Motive auch ihre „zwingende Natur" betonen, cessieren, da der Entwurf eine quarta Falcidia nicht kennt. Hier zeigt sich wieder, daß eine falsche Konstruktion selbst durch Aufnahme in ein Gesetz nicht richtig wird, sie wird durch die Spezialbestimmungen außer Anwendung gesetzt und kann höchstens Verwirrung stiften.*)

Daß jemand die Intestaterbfolge ausschließt, ohne einen Erben zu ernennen, wird kaum vorkommen, und der § 1749 dürfte in dieser Beziehung recht selten zur Anwendung gebracht werden. Sollte aber ein Testator für alle Fälle die Intestaterbfolge ausschließen, damit nicht nach seinem Tode unbekannte, weitläufige Verwandte den Streit um den Nachlaß beginnen, so ist für uns kein Grund vorhanden, die Verfügung für ungültig zu erklären. Bei den Römern lag freilich die Sache anders. Der Testator hatte die moralische Pflicht, für einen Erben zu sorgen, und nur insoweit, wie dies geschehen war, hatte die Ausschließung von der Erbschaft Kraft. Bei uns aber kann die Regulierung durch einen Nachlaßpfleger erfolgen. Der sich

*) Bei weiterem Verfolgen der vom Entwurfe anbefohlenen Konstruktion würden wir zu den wunderlichsten Konsequenzen gelangen. S. darüber S. 49. Die Intestaterben würden de jure zu Erben berufen werden. Sie müßten entweder die Erbschaft ausdrücklich ausschlagen oder in der Folge für Errichtung eines Inventars sorgen. In Wirklichkeit werden sie auf diesen Gedanken gar nicht kommen, aber wenn sie es versäumen, haften sie für die sämtlichen Schulden. — Ius vigilantibus scriptum est!

ergebende Überschuß wird in einem geordneten Staatswesen keine Schwierigkeiten machen, er fällt als herrenloses Gut an den Fiskus.

Wenn die Motive zur Begründung der Aufnahme des Prinzips auf seine „fundamentale" Bedeutung hinweisen, so erscheint dies als eine Bestätigung dessen, daß die Aufnahme nicht durch praktische Gründe veranlaßt worden ist, sondern durch das Bestreben, die romanistische Konstruktion durch eine besondere gesetzliche Sanktion sicher zu stellen. Gerade deshalb ist sie zu verwerfen. Die romanistische Konstruktion ist, wie wir gesehen haben, schon im Gemeinen Rechte nicht mehr durchführbar, weil sie dem Bedürfnis des Lebens nicht entspricht, in einem neueren Gesetzbuch hindert sie aber die Entwickelung eines Erbrechtes auf moderner Grundlage und zwingt zur Bildung einer Reihe komplizierter Institute, welche weder römisch noch modern sind.

Die Universalsuccession bildet also nicht mehr die ausschließliche Grundlage des gesammten Erbrechts. Ein Erbe ist nicht einmal unbedingt notwendig, und wenn er vorhanden ist, so ist er nicht unbedingt Universalsuccessor. Wesentlich ist für ihn nur das, was auch die Laien aller Zeiten stets für das einzig Wesentliche gehalten haben, daß er nämlich Anspruch auf den Erlös des Nachlasses hat. Er wird in der Regel den Nachlaß selbst liquidieren und die Haftung für die Erbschaftsschulden tragen. Beides ist aber nicht mehr Rechtsnotwendigkeit, sondern lediglich Frage der Zweckmäßigkeit.

Der Nachlaß bleibt zunächst auch noch nach dem Erbschaftserwerbe ein selbständiges Vermögen, wie er es vorher als ruhende Erbschaft war. Die Erbschaftsgläubiger behalten ihr Recht, sich mit Vorzug vor allen anderen daraus zu befriedigen, so daß das beneficium separationis überflüssig wird. Eine persönliche Haftung des Erben für die Schulden tritt zunächst nicht ein. Andererseits gehen auch die erbschaftlichen Rechte nicht durch den Erbschaftserwerb selbst auf ihn über, er hat nur ein Recht auf den Ueberschuß, und an diesen können sich natürlich auch seine Privatgläubiger halten.

Wer die Liquidation übernimmt, ist eine offene Frage. Schon nach dem geltenden Rechte kann der Erbe davon ausgeschlossen sein. Wenn dies nicht der Fall ist, wird er der Nächste zur Übernahme sein, und sie meistens im eigenen Interesse freiwillig übernehmen. Aber ihm eine Pflicht dazu aufzuerlegen, ist kein Grund vorhanden.

Die Liquidation kann ihm unter Umständen lästig werden, Versäumnisse können nachteilige Folgen für ihn haben, und das alles würde um so unbilliger sein, wenn etwa, wie es ja der Entwurf auch will, der Erbschaftserwerb von Rechts wegen erfolgt. Im Interesse der Gläubiger und Vermächtnisnehmer ist eine derartige Pflicht heute nicht mehr nötig, für ihren Anspruch auf Befriedigung ist hinreichend gesorgt, wenn ihnen die Möglichkeit eröffnet wird, bei Säumnis des Erben auf Bestellung eines Nachlaßverwalters anzutragen.

Von unserm heutigen Standpunkt bietet es auch keine Schwierigkeiten, wenn ein Testator seinen Nachlaß unter seine Angehörigen zu reellen Teilen teilt. Dann nehmen alle die Stellung von Vermächtnisnehmern ein, und ein Erbe ist überhaupt nicht vorhanden. Wie wir gesehen haben, kann die Regulierung auch ohne einen solchen beschafft werden. Den Gläubigern haftet natürlich der gesammte Nachlaß, ganz so, wie ihnen auch sonst der gesammte Nachlaß, einschließlich der vermachten Erbschaftssachen, haftet. Die Ausgleichung unter den Bedachten erfolgt nach der Bestimmung des Erblassers, in Ermangelung einer solchen durch verhältnismäßige Verteilung der aufzubringenden Summen auf die einzelnen Zuwendungen nach deren Wert.

Es giebt im Leben zahlreiche Fälle, in welchen die reelle Trennung der Zuwendungen im Sinne des Testators und im Interesse des Erben selbst ist.*) Unter dem Einfluß des geltenden römischen Rechtes werden nun Bestimmungen, welche darauf abzielen, meistens stark verzerrt. Der Testator ernennt die zu Bedenkenden einfach zu Erben, und die reellen Zuwendungen erscheinen im Gewande einer antizipierten Erbteilung. Natürlich bleibt es dann nicht aus, daß die nun zur Anwendung kommenden Regeln, da sie für etwas ganz anderes berechnet sind, auf die wirklichen Verhältnisse nicht passen. Wenn jene Verkleidung nicht gebraucht ist, wird die Sache eher noch schlimmer. Es taucht zunächst die Frage auf, ob

*) Ich glaube nicht, daß dies geleugnet werden kann; es würde durch Beispiele leicht zu erweisen sein. Uebrigens handelt es sich um ein allgemeines Verkehrsbedürfnis, das auch, wie oben gezeigt, bei den Römern und Griechen bestand. Das bemerkenswerteste Zeugnis dafür legt die divisio parentis inter liberos ab, die freilich in die römische Konstruktion gar nicht hineinpaßt.

eine heredis institutio ex re certa vorliegt, oder ob in Wirklichkeit nur ein Vermächtnis beabsichtigt war. In unserem Rechtsbewußtsein hat die Unterscheidung keinen Boden. Die Rechtsregel bestimmt, daß es nicht mehr auf die gebrauchten Ausdrücke, sondern auf die Absicht des Testators ankommt. Der Testator hat aber überhaupt keine Absicht in dieser Beziehung gehabt und kann sie meistens nicht gehabt haben, da er eben einen Unterschied zwischen Erben und Vermächtnisnehmer im römischen Sinne nicht machte; der Richter ist also in der Lage, in das Testament einen einem fremden Rechte angehörigen, dem Testator überhaupt nicht bekannten Willensinhalt hineinzulegen.

Nach dem Civilgesetzentwurf wird es zwar anders, aber nicht besser werden. Wenn letztwillig über alle Vermögensstücke einzeln verfügt ist, so bleibt nichts übrig, als den Intestaterben zur Universalsuccession zu berufen, die „nicht ausgeschlossen werden kann". Vorteil wird er freilich nicht haben, aber er kann als Liquidator auftreten, das Inventarrecht nachsuchen,*) den Erbschaftskonkurs herbeiführen — alles das ohne das mindeste legale Interesse.**) Man sieht, wie viel von völlig unberechtigtem römischen Formalismus auf diese Weise in unser Recht hineinkommt.

Die Ausführung des Gesagten an einzelnen Fällen wird nicht nötig sein. Glücklicherweise kommen die meisten Erbschaftsregulierungen nicht vor die Gerichte, und die Parteien pflegen dann einfach den Willen des Erblassers auszuführen, ohne sich um irgend welche romanistischen Konstruktionen zu kümmern. Aber wenn sie die Gerichte nicht umgehen können, werden sie die Unangemessenheit der angewandten Bestimmungen um so härter empfinden.

Der Begriff des Erben wird mit dem Aufgeben des Prinzips der Universalsuccession dem des Vermächtnisnehmers mehr genähert als im römischen Rechte. Das ist aber lediglich eine Konsequenz der ganzen geschichtlichen Entwickelung. Schon im Gemeinen Rechte ist die scharfe Grenzlinie durch das Institut der Testamentsvollstrecker

*) Er muß es sogar, wenn er etwa die rechtzeitige Ausschlagung versäumt hat. S. S. 46 A.

**) Nach den Bestimmungen des Bähr'schen Entwurfes würde er 1/10 des Nettovermögens beanspruchen können. Aber auch das würde im vorliegenden Falle dem Willen des Testators wie der Billigkeit widersprechen.

verwischt. Gegenüber einem Testamentsvollstrecker nimmt der Erbe thatsächlich keine andere Stellung ein als im römischen Rechte der Vermächtnisnehmer bei dem legatum partitionis, und der heres ex re certa ist vollends von einem gewöhnlichen Vermächtnisnehmer nicht zu unterscheiden. Die volkstümliche Rechtsanschauung fordert ebenfalls keine strenge Trennung von Erben und Vermächtnisnehmern, beides wird bisweilen geradezu mit einander verwechselt. So ist denn kein Grund vorhanden, die Scheidung aus Pietät für das römische Recht über das gegenwärtige Bedürfnis hinaus aufrecht zu erhalten.

Der Erbe, d. h. derjenige, welchem die Erbschaft im ganzen oder ein Bruchteil hinterlassen ist, wird sich in seiner juristischen Stellung von dem Vermächtnisnehmer nur noch dadurch unterscheiden, daß er, wenn der Testator nicht anders bestimmt hat, die Regulierung des Nachlasses übernehmen darf. Falls er die Nachlaßverwaltung nicht führen kann oder will, steht er nach außen und innen hin einem Vermächtnisnehmer gleich. Allerdings hat er ein besonderes Interesse an der Erbschaftsregulierung, weil die Höhe seines Anspruches von ihrem Ergebnisse abhängt, und zur Wahrung desselben wird es sich empfehlen, ihm gegenüber dem Nachlaßverwalter größere Befugnisse zu geben, als einem Vermächtnisnehmer.

5. Der Unterhalt der Frau und der unversorgten Kinder.

Die Hauptbedeutung der Frage, ob an der Notwendigkeit der Universalsuccession festgehalten werden soll, liegt darin, daß das Aufgeben der romanistischen Konstruktion eine freiere und den modernen Bedürfnissen mehr entsprechende Behandlung des Nachlasses gestattet. Den Römern steht überall das Interesse des Erben im Vordergrunde, es ist eine unabweisliche Notwendigkeit, ihm für die Mühe und Gefahr, die er übernimmt, einen hinreichenden Entgelt zu verschaffen; geschieht das nicht, so ist zu fürchten, daß er ablehnt, und der Erbschaftskonkurs steht vor der Thür.

Hierdurch erklärt es sich, daß die Alimentationsverbindlichkeiten mit dem Tode erlöschen. An sich liegt das keineswegs in der Billigkeit. Als theoretischen Grund kann man ja anführen, daß die Alimentationspflicht nicht eine normale, für alle Zukunft feststehende Schuld ist, sondern daß sie sich für jede neue Rate von neuem erzeugt. Daraus folgt dann, daß die Voraussetzungen bei Fälligkeit einer jeden Rate vorhanden sein müssen, wenn ein Recht darauf entstehen soll, und die wichtigste der Voraussetzungen fällt eben mit dem Tode des Verpflichteten fort. Dem widerspricht indessen, daß die Pietätspflicht, welche den Unterhalt gewisser Angehörigen anbefiehlt, sich auch auf die Zeit nach dem Tode erstreckt und von dem gewissenhaften Hausvater, soweit es in seinen Kräften steht, die Fürsorge für die von ihm abhängigen Personen auch für die Zukunft fordert. Die Römer haben das wohl empfunden, wie die Häufigkeit der Alimentenvermächtnisse und die besondere Sorgfalt, welche die Jurisprudenz ihnen zu teil werden ließ, zur Genüge zeigt; bei uns beweisen schon Lebensversicherungen und Witwenkassen, wie lebhaft das Bedürfnis nach einer Sicherstellung der Angehörigen ist. Es besteht auch kein theoretisches Hindernis, die moralische Pflicht ebenso zu einer gesetzlichen zu erheben, wie es mit der Unterhaltspflicht bei Lebzeiten geschehen ist.

Praktische Gründe sind es gewesen, welche dies bei den Römern verhindert haben. Ein juristisches Recht auf Alimente hat sich bei ihnen erst spät entwickelt, weil sie überhaupt das Eingreifen in die inneren Verhältnisse der Familie scheuten. Auch dann wurde bekanntlich auf den Verpflichteten nur ein außerordentlicher Zwang geübt, wie er gegen den Erben nicht gerechtfertigt war, da für ihn selbst eine sittliche Pflicht nicht vorlag. Hatte der Erblasser in den testamentarischen Verfügungen seinen Pflichten nicht genügt, so war für den Beeinträchtigten die Anfechtungsklage, welche vor dem Volksgerichte der Centumvirn verhandelt wurde, der gewiesene Weg. Die Praxis des Centumviralgerichts ist für uns im einzelnen nicht mehr kontrolierbar; bei der freien Beurteilung, welche das ältere Recht gestattete, sind sicherlich auch Alimentationsverbindlichkeiten in Rücksicht genommen worden, aber freilich läßt sich nicht leugnen, daß die eigentümliche Konstruktion der Querel nicht allen Bedürfnissen genügen konnte. Auf dem Wege der Interpretation und überhaupt der Praxis war diesem Übelstande nicht abzuhelfen, und die Gesetzgebung griff noch in der klassischen Zeit nur überaus sparsam ein. Sowie man das völlig antiquierte System des Intestaterbrechts und das keineswegs vorzüglichere Noterbrecht ertrug, in der Erwartung, daß die daraus entstehenden Schäden durch umsichtige Anwendung des Testierrechts beseitigt werden würden, so überließ man auch die Ordnung der Alimente dem Erblasser. In der großen Mehrzahl der Fälle wird dieses Vertrauen nicht getäuscht worden sein, aus dem, was von römischen Testamentsbestimmungen auf uns gekommen ist, sehen wir vielmehr, daß der römische Hausvater bei seiner Fürsorge für die Zukunft seiner Angehörigen selbst Freigelassene nicht zu vergessen pflegte.

In der späteren Kaiserzeit wäre die Entwickelung eines Alimentenanspruchs gegen die Erbschaft möglich gewesen. Aber die Ausbildung neuer Institute erfolgte auch damals nur selten, und auf dem Gebiet des Erbrechts war, sowenig das Bestehende der neueren Anschauung genügte, der Fortschritt überaus langsam. Zudem nahm gerade das Pflichtteilsrecht, das bisher der freien Beurteilung der Gerichte unterlegen hatte, einen mehr formalistischen Charakter an, indem es auf eine bestimmte Quote des Intestaterbteils beschränkt wurde.

Für uns ist die Erhaltung des Alimentenanspruchs nach dem Tode ein dringenderes Bedürfnis, als bei den Römern, da wir an das Intestaterbrecht bedeutend höhere Anforderungen stellen müssen. Denn die Sitte zu testieren ist bei uns nicht so allgemein verbreitet, wie bei ihnen; Abneigung, in die gesetzliche Ordnung zu Gunsten der einen und zum Nachteil der anderen Angehörigen einzugreifen, Bequemlichkeit, selbst Aberglaube hindern häufig an der rechtzeitigen Errichtung eines Testaments. Es ist, als ob noch etwas von dem alten Prinzip, daß „nur Gott zum Erben machen kann", in weiten Kreisen des Volkes lebt. Darum ist ein Erbrecht, welches wie das ältere römische der steten Korrektur durch Testamente bedarf, für uns unerträglich, wir verlangen vielmehr, daß es den regelmäßig im Leben auftretenden Bedürfnissen ohne Zuthun des Erblassers Rechnung trägt.

Werfen wir nun die Frage auf, ob Alimentationsansprüche gegenüber der Erbschaft erhalten bleiben sollen, so haben wir zunächst die innere Berechtigung und das praktische Bedürfnis, darauf die technische Durchführbarkeit zu untersuchen.

Auszuscheiden ist hier die Frage, inwieweit sie durch das Intestaterbrecht und das Pflichtteilsrecht befriedigt werden sollen. Es handelt sich lediglich um die Fortdauer von Verpflichtungen, welche der Erblasser bei Lebzeiten hatte, also um Abwendung eines positiven juristischen Schadens, welcher nach bisherigem Rechte durch dessen Tod eintrat. Nach seiner Natur ist der Anspruch den Erbschaftsschulden nahe verwandt; er muß ihnen freilich nachgestellt werden, weil er davon abhängig ist, daß überhaupt ein ausreichendes Vermögen nachbleibt, aber er ist dem Pflichtteilsrechte voranzustellen. Er steht nicht allen Pflichtteilserben zu, und kann andererseits Personen zustehen, welche im vorliegenden Falle weder Pflichtteilsberechtigte noch Intestaterben sind, z. B. Ehegatten, ferner Enkeln, obgleich deren Eltern noch leben, Ascendenten, obgleich Descendenten vorhanden sind.

In erster Linie kommen diejenigen Personen in Frage, welche mit dem Erblasser in demselben Haushalte gelebt haben, also die Ehegatten und die noch unselbständigen Kinder. Die Unterhaltspflicht gegen diese hat einen besonderen Charakter, der auch in neuerer Zeit dadurch zum Ausdruck kommt, daß sie bei der Zwangsvollstreckung nicht denselben Beschränkungen unterliegt, wie andere Forderungen. Die zu einem Haushalt gehörigen Personen bilden eben die moderne Familie, welche ganz ebenso wie die alten Geschlechtervereine der Vorzeit allen juristischen Konstruktionen zum Trotz in einer Art von Gütergemeinschaft lebt. Es ist merkwürdig, wie wenig die Verschiedenheit des Rechts, die nirgends größer ist als hier, an der Gleichförmigkeit der thatsächlichen Verhältnisse hat ändern können. Dem entsprechend dienen Vermögen und Arbeitskraft des Einzelnen den gemeinsamen Interessen der Familie, nicht nur Vermögen und Arbeitskraft des Mannes — obgleich dies am meisten in die Augen zu fallen pflegt —, sondern auch der Frau und eventuell der Kinder. Die juristische Konstruktion pflegt dies in Unterhaltsansprüche aufzulösen, was freilich den eigentlichen Charakter nur unvollkommen zur Ausprägung bringt.

Wir Juristen sind an diese Auffassung so gewöhnt, daß uns jene natürliche Anschauung fast fremdartig anmutet. Vollends die Behauptung, daß schon die Römer ihr Recht auf dieser Grundlage aufgebaut hätten, klingt für uns paradox. Bei scharfer Scheidung der juristischen Konstruktion von den reellen Lebensverhältnissen erscheint aber mancher Rechtsatz in einem ganz anderen Lichte als der wohlgefügte systematische Zusammenhang unserer Pandektenlehrbücher vermuten läßt.

Am glaublichsten ist jenes Prinzip uns noch für das älteste römische Recht. Zur Zeit der strengen Ehe war das ganze Familienvermögen in der Hand des paterfamilias vereinigt. Erschien es auch nach außen lediglich als dessen Familieneigentum, so war dies doch nur die juristische Form für eine wirkliche Gütergemeinschaft, wie die Alten selbst schon anerkannt haben. Freilich tritt die thatsächliche Aehnlichkeit mit unseren Verhältnissen wegen anderweitiger Verschiedenheit nicht klar hervor. Die römische Familienorganisation stand damals, wie wir gesehen haben, genau in der Mitte zwischen der vorgeschichtlichen Geschlechterverfassung und der modernen Sitte, nach welcher die Familie im engeren Sinne die in einem Haushalt lebenden Personen umfaßt. Die familia, welche nach der Auflösung der gentes in den Vordergrund trat, hatte eine wesentlich andere Gestaltung als heute, da die erwachsenen Kinder aus ihr nicht ausschieden. Dieser Gesamtfamilie, welche mehrere Haushaltungen umfassen konnte, kam unter der Herrschaft des paterfamilias gemeinschaftlich alles Vermögen zu, welches die Mitglieder früher gehabt hatten oder zuerwarben, und hierdurch war natürlich dessen Verwendung für die gemeinschaftlichen Zwecke gesichert.

Bei der freien Ehe, die alsbald zur herrschenden Form wurde, scheint das Prinzip, daß das Vermögen aller Familiengenossen den Familienzwecken dient, verlassen zu sein. Die Theorie lehrt, daß der Mann allein die Kosten des Haushaltes zu tragen hat, daß die Frau ihr Vermögen zu freier Verfügung behält, und daß es in ihrem bezw. ihrer Verwandten Belieben steht, ob sie dem Manne eine Mitgift geben wollen, um daraus einen Beitrag zu den Lasten der Ehe zu ziehen. Aber praktisch heißt das nicht anders, als daß die Beteiligten selbst festzustellen haben, wie sie die Kosten des Haushaltes aufbringen wollen.*) Das Recht konnte dies damals thun, weil es allgemeine römische Sitte war, Dotalverträge abzuschließen, und weil die freie

*) Beispiele für die Verschiedenheit dieser Abmachungen bietet l. 12 § 1 D. de pact. dot. 23, 4.

Lösbarkeit der Ehe jedem Teile noch ermöglichte, bei Aenderung der Verhältnisse seinem Wunsche auf eine nachträgliche Revision der getroffenen Verabredungen Nachdruck zu geben.

Es bietet ein großes Interesse, das, was von Klauseln römischer Dotalinstrumente in den Quellen gelegentlich erwähnt wird, auf seine wirthschaftliche Bedeutung zu prüfen. Vom theoretischen Standpunkt erscheint es bisweilen ziemlich seltsam, und manches widerspricht geradezu dem Begriffe der dos. Im Grunde ist es schon eine contradictio in adjecto, wenn der Schwiegervater, wie es sehr häufig vorkommt, bedingt, daß bei seinen Lebzeiten die verschriebene dos nicht gefordert werden dürfe (ne se vivo petatur); wenn aber gar der Schwiegervater oder die Frau selbst ausmachen, daß während der Lebzeit der Letzteren oder während der Ehe die dos nicht gefordert werden dürfe (ne dos constante matrimonio petatur), so ist damit der eigentliche Zweck der dos überhaupt vereitelt. Vollends sinnlos erscheint eine Bestimmung, daß der Schwiegersohn die dos während der Ehe nicht fordern dürfe, daß er aber die Hälfte erhalten solle, wenn die Frau in der Ehe ohne Kinder verstürbe.*) Er bekommt also erst dann etwas, wenn die dos ihren Zweck verloren hat.

Wirtschaftliche Bedeutung und juristische Konstruktion gehen denn auch hier auseinander. Die dos war in der Auffassung des Lebens noch immer, wie in den Zeiten der strengen Ehe, das Frauengut („res uxoria"), und umfaßt normaler Weise das ganze Vermögen, gegenwärtiges und zukünftiges, der Frau. Die παράφερνα waren dem römischen Rechte ursprünglich fremd, man hatte nicht einmal ein lateinisches Wort dafür, und Ulpian mußte sich auf griechisches und sogar auf gallisches Recht beziehen, um ihren Begriff zu erklären.**)

Die pacta dotalia enthielten die Ordnung der gesamten Rechtsverhältnisse des Frauengutes und galten als notwendig. Sie unterschieden in der Ansicht des Volkes die rechte Ehe vom Konkubinat. So wie der römische bonus paterfamilias für den Fall seines Todes ein Testament errichten mußte, so mußte er bei seiner Ver-

*) S. l. 30 D. de pact. dot. 23, 4. Leider ist gerade die Lesart der interessantesten Stellen bisweilen nur durch Konjektur festzustellen. Die Textverderbnis erklärt sich daraus, daß man in späterer Zeit aus den zum Teil wunderlich klingenden Stipulationen nichts zu machen wußte.

**) l. 9 § 3 D. J. D. 23, 3.

heiratung einen Dotalvertrag abschließen, weil es an einer genügenden gesetzlichen Regelung überhaupt fehlte.

Der Dotalvertrag umfaßte auch das zukünftige Vermögen der Frau. Da Verträge über Erbschaften unmöglich waren, wählte man die Form, daß man die dos verschrieb und die Auszahlung durch ein pactum, ne vivo socero petatur, bis zum Tode des Schwiegervaters hinausschob. Ein Großvater, welcher seine Enkelin dotierte, schob die Auszahlung bis zum Tode des Vaters derselben hinaus.*) In andern Fällen diente das Hinausschieben dazu, der Frau die Verfügung über ihr Vermögen vorzubehalten. Dies ist die Bedeutung der Klausel „ne dos constante matrimonio petatur. Auch wird geradezu bedungen, ne a viva petatur.**) In einem Vertrag über das Frauengut hat das seinen Sinn: der Mann soll während der Ehe oder überhaupt nicht vor dem Tode der Frau Ansprüche an deren Vermögen machen dürfen.***) Eine dos ist es natürlich nur der Form nach, es können nicht die Hauptwirkungen, sondern lediglich die Nachwirkungen eintreten. Andererseits benutzte man die Dotalinstrumente zu förmlichen Erbverträgen, indem man die dos für den Fall des Todes der Frau dem Manne verschrieb.†) Unter Diocletian kam es sogar vor, daß auch das übrige Vermögen der Frau dem Manne erbvertrags-

---

*) l. 33 D. de pact. 2, 14 (Celsus). Die Entscheidung ist erwähnt und gebilligt in der korrumpierten l. 10 D. de pact. dot. 23, 4 (Pomponius). Vgl. die Konjektur von Cuiacius dazu.

**) Julian ließ sogar die Stipulation „cum morieris dotis nomine tot dari" in diesem Falle gelten. Aristo, Neratius, Pomponius und Paulus erklärten sie indeß für ungültig, da es ein Unterschied sei, ob man von vorn herein auf eine Zeit stipuliere, in der die Ehe nicht mehr existiere, oder ob man durch ein pactum ne a viva petatur lediglich die Auszahlung aufschiebe. l. 20 D. J. D. 23, 3. Der Unterschied ist sehr spitzfindig. Thatsächlich befand sich die Jurisprudenz in Widerspruch mit dem Leben und mußte Konzessionen machen, die gegen das Rechtsprinzip verstießen. Um indessen nicht jeden Halt zu verlieren, machte man jenen rein formalistischen Unterschied. Die Anzahl der Juristen, welche sich darüber ausgesprochen haben, zeigt übrigens, wie häufig derartige Bestimmungen waren.

***) Ein Vertrag, daß der Mann die dos von der Frau nur halb fordern dürfe, l. 12 § 2 D. de pact. dot. (Paulus).

†) l. 2. 12 pr. 24. 26 de pact. dot. l. 6. C. de pact. conv. 5, 14 (Diocletianus) u. s. w.

mäßig („vice testamenti“) verschrieben wurde;*) der Kaiser erklärte die Klausel für ungültig, doch lehrt der Fall, wie das Volk die Dotalverträge auffaßte.

Im Allgemeinen wich die Jurisprudenz der Auffassung des Volkes und ließ, wie wir gesehen haben, geradezu Beredungen contra rationem juris zu. Nur für die beiden äußersten Fälle machte sie Beschränkungen, indem sie den Begriff der dos einerseits ausschloß, wenn der Mann die dos unter allen Umständen behalten sollte, und andererseits, wenn er unter keinen Umständen Anspruch darauf haben sollte.**) Innerhalb dieser weiten Grenzen begnügte sie sich, die frühere Auszahlung der dos durch Interpretation zu begünstigen.***)

Das Recht bot also nur den Rahmen für die Parteiberedungen dar, und setzte diese ebenso sehr voraus, wie auf dem Gebiet des Erbrechts das Testament. Ganz so wie bei diesem wurden bei der Verheiratung alle möglichen Fälle im voraus bedacht und geregelt.

Es bedarf wohl nicht des Nachweises, daß unsere Anschauungen eine Ordnung in dieser Art unmöglich machen. Der Schwiegersohn in spe würde voraussichtlich auf Schwierigkeiten stoßen, wenn er den Erbteil seiner Braut im voraus bestimmen und durch bündige Stipulationen sicher stellen wollte. Das Vorwegnehmen der Regelung, das Binden des eigenen Ermessens widerspricht unserem sittlichen Gefühle.

Thatsächlich genügt das römische Familiengüterrecht der modernen Zeit weder in seiner ursprünglichen Form, noch in der Ausbildung, die es unter dem Einfluß der romanistischen Doktrin erhalten hat. Nach außen hin äußert es seine Bedeutung meistens darin, daß es dem Mann, der in Wirklichkeit doch der Verwalter des gesamten Vermögens zu sein pflegt, ermöglicht, gewissermaßen mit zweierlei Karten zu spielen, nach seinem Ermessen Vermögensstücke für das eine oder andere Vermögen zu erwerben, Schulden für Rechnung des einen oder des anderen zu machen und endlich, wenn er selbst in Konkurs geraten ist, im Namen seiner Frau mit dem, was er sich gerettet hat, ein neues Geschäft zu beginnen. In der Praxis zeigen zahlreiche Interventionsprozesse die Nachtheile dieses Systems; gesetz-

*) l. 5 D. de pact. conv.

**) l. 2 D. de pact. dot. — l. 3 C. de pact. conv. — l. 12 § 1 i. f. D. de pact. dot.

***) Charakteristisch l. 11 D. de pact. dot. 23, 4.

lich korrekte Manipulationen wechseln mit direkt betrügerischen ab, um den Gläubiger um sein Geld zu bringen.

Nach innen hin ignoriert man durchgängig die juristischen Regeln. Was die einzelnen Familienmitglieder in dem Verhältnis zu einander als das Ihrige bezeichnen, deckt sich durchaus nicht mit dem, was von Rechtswegen ihr Eigentum ist. Dies ist ihnen häufig gar nicht bekannt. Der Mann nennt das auf seine Frau und seine Kinder eingetragene Haus sein Haus, die Frau den zu dem Grundstücke ihres Mannes gehörigen Garten ihren Garten; bei Feuerversicherungen sind korrekte Deklarationen der Eigentumsverhältnisse oft nicht zu erzielen. Wenn das Familienhaupt der Frau oder den Kindern etwas giebt, so macht man sich keine Skrupel, ob eine Schenkung unter Ehegatten gültig ist oder ob Kinder aus dem Vermögen des Vaters etwas erwerben können. Wer bei Meinungsverschiedenheiten in Bezug auf die Verfügung über die Sachen den Ausschlag giebt, das richtet sich nicht nach juristischen Regeln, sondern nach den internen Verhältnissen der Familie. Wenn wirklich einmal die juristischen Regeln strikt nach innen angewandt werden, da deutet es auf anomale Verhältnisse in der Familie hin und führt meist zu absurden Resultaten.*) Der Jurist ist, wenn er gefragt wird, nicht wie bei den Römern der bonus vir, der die Lebensverhältnisse sachgemäß zu ordnen weiß, denn überall sieht er sich durch die ihm aufgenötigten unpassenden Regeln beengt.

Das Familiengüterrecht gehört an sich nicht zu unserer Aufgabe, immerhin muß aber die Grundlage für Güterrecht und Erbrecht in der Familie gemeinsam sein. Unsere heutigen Lebensverhältnisse sind in dieser Beziehung den ältesten noch wunderbar ähnlich. Das Einkommen aller Familienglieder muß den gemeinsamen Familienzwecken dienen,**) und in irgend einer Form sollten auch Rechtsmittel ge-

*) Ein Mann, Rentier, und seine Frau hatten je ein Vermögen von vielleicht 100—200 000 Mark. Der Unterschied zwischen ihnen war aber der, daß der Mann die Zinsen seines Vermögens vollauf für den Haushalt und die Kinder verbrauchte, während die Frau, die offenbar sehr ökonomisch veranlagt war, Zins auf Zins aufsparte. Ein Rechtsmittel, das zu ändern, stand dem Manne nicht zu.

**) Zum gemeinsamen Bedürfnis gehört auch der Unterhalt der vorehelichen Kinder der Frau, soweit sie unversorgt sind. Wer eine Frau heiratet, übernimmt dadurch nach dem natürlichen Gefühl auch die Sorge

schaffen werden, durch welche es dazu herangezogen werden kann. Lediglich das Einkommen des Mannes für die gemeinsamen Bedürfnisse haften zu lassen, widerspricht der Billigkeit. Freilich ist er in den meisten Fällen der allein Erwerbende, und dann trifft ihn naturgemäß die gesamte pekuniäre Last; aber auch die anderen Glieder müssen, soweit sie dazu imstande sind, zu den Kosten beitragen. Schon das Gemeine Recht verwirklicht diesen Gedanken, indem es dem Manne Anspruch auf die Arbeitskraft von Frau und Kindern und den väterlichen Nießbrauch an dem Vermögen der Kinder giebt. Die Lücke, welche bezüglich des Vermögens der Frau besteht, wird, wie wir gesehen haben, durch die Sitte korrigiert, so daß sich regelmäßig Uebelstände nicht zum Nachteil der Familienglieder, sondern lediglich zum Nachteil der Gläubiger bemerkbar machen. Die präponderierende Stellung des Mannes darf nicht ganz beseitigt werden, aber sie hat freilich einen ganz anderen Charakter als in ältester Zeit: ursprünglich beruhte sie auf der Wehrhaftigkeit, die ihn zum Schützer der Familie im physischen Sinne machte, heute darauf, daß er in der Regel der Erwerbende und der Geschäftskundigere ist.

Auf dem Gebiete des Erbrechts machen sich abwegige Rechtsätze sehr viel nachteiliger geltend, weil hier die Korrektur durch die Sitte

---

für ihre Kinder. Die gegenwärtige individualisierende Theorie, welche Pflichten des Mannes und der Frau gänzlich auseinanderhält, kommt hier zu dem Resultat, daß der Mann, der eine Frau mit vorehelichen — unehelichen oder aus erster Ehe stammenden — Kindern heiratet, zwar einen Anspruch auf deren Arbeitskraft erwirbt, aber die Unterhaltung der Kinder ablehnen kann. Thatsächlich geschieht das auch sehr oft, und die Kinder werden dann natürlich ortsarm. Da nun die Kinder den Unterstützungswohnsitz der Mutter teilen, die Mutter aber den Unterstützungswohnsitz des Mannes erwirbt, so ist die weitere Folge, daß der Ortsarmenverband des Mannes zum Unterhalt der Kinder verpflichtet wird, während dieser selbst nicht verpflichtet ist. Wohlers, Entsch. des Bundesamts für das Heimatwesen, VI, Nr. 10 S. 17 f. Das Bundesamt für das Heimatwesen geht sogar noch einen Schritt weiter und erklärt den Mann, wenn die vorehelichen Kinder seiner Frau unterstützt werden, für „mittelbar" selbst unterstützt. Denn in der Person der Kinder wird die Mutter unterstützt, und „darüber kann kein Zweifel sein, daß die der Ehefrau gewährte öffentliche Unterstützung als mittelbar gleichzeitig dem Manne zuteilwerdend aufgefaßt werden müsse". Wohlers, Entsch. VI S. 13 f., VII S. 23, XVII S. 39. Er wird also durch eine Ausgabe des Armenverbandes, die ihn selbst juristisch gar nichts angeht, unterstützt.

fehlt. Es ist ganz gewöhnlich, daß ein Teil des Vermögens an Personen, welche außerhalb des Haushalts stehen, z. B. an selbständig gewordene Kinder oder an entferntere Verwandte fällt. Meistens erleiden die Haushaltsgenossen, zumal wenn der Verstorbene ihr Ernährer war, eine empfindliche Einbuße, während die außerhalb Stehenden einen reinen Vermögenszuwachs erhalten. Besonders hart gestaltet sich die Lage jener durch Kombination deutschen Güterrechts mit römischem Erbrecht, obgleich im allgemeinen das deutsche Güterrecht an sich dem Grundgedanken der Familie sehr viel mehr entspricht, als das römische. Bei ehelicher Gütergemeinschaft kann nämlich der überlebende Ehegatte in die Lage kommen, das von ihm selbst Zugebrachte mit den Verwandten des Verstorbenen teilen zu müssen, so daß er, wenn dieser vermögenslos war, einfach die Hälfte seines Vermögens herausgeben muß. Dem Grundgedanken, dem das System der Gütergemeinschaft entsprossen ist, entspricht das ganz gewiß nicht.

Altgermanisches und übrigens auch altrömisches Prinzip war es, daß das ausscheidende Kind bei seinem Austritt aus der engeren Familie eine Abfindung erhielt, sein Erbrecht aber verlor. Gleich dem Abgeschichteten wird nach ältestem römischen Rechte auch der emancipatus ausgeschlossen. Ein Rechtsatz dieser Art hat unter heutigen Verhältnissen keine Berechtigung mehr, wohl aber kann der Frau und den unversorgten Kindern gegen die Erbmasse derselbe Anspruch vorbehalten werden, den sie bei Lebzeiten des Ehemannes oder Vaters gegen dessen Vermögen hatten.

Mit dem Tode des Familienhauptes spaltet sich die Familie, und das Vermögen fällt auseinander. Es ist billig, daß die Frau für ihren Unterhalt zunächst auf ihr eigenes Vermögen, welches sie dadurch zu freier Verfügung erhält, angewiesen wird. Selbst wenn das künftige Gesetzbuch der wohlhabenden Frau einen Anspruch darauf geben sollte, während der Ehe aus den Mitteln ihres Mannes erhalten zu werden, ohne ihrerseits beisteuern zu müssen, so kann dies in keinem Fall über den Tod hinaus ausgedehnt werden. Denn der dafür angeführte formale Grund, daß der Mann als Haupt der Familie die Kosten des ehelichen Haushaltes zu tragen habe, fällt mit seinem Tode fort. Andererseits darf die Erbschaft nicht über das wirkliche Bedürfnis belastet werden. Es ist daher nur gerechtfertigt, der Frau einen Anspruch auf standesgemäßen Unterhalt zu geben, insoweit sie ihn aus ihrem eigenen Vermögen und ihrem eigenen Einkommen nicht bestreiten kann. Naturgemäß begrenzt sich dieser bis zum Eingehen einer zweiten Ehe.

Die Sache liegt nicht anders, wenn der Mann der überlebende Teil ist. In der Regel pflegt er freilich nicht, wie die Frau, seine Existenz auf die Ehe zu basieren, aber er betrachtet thatsächlich das Vermögen der Frau wie das seine und zieht es zu den gemeinsamen Bedürfnissen heran. Auf Lebensweise, soziale Stellung, bisweilen selbst auf die Berufswahl äußert dieses erfahrungsmäßig den größten Einfluß. Die oben angeführten Billigkeitsgründe sprechen daher auch hier. Ist endlich der Mann im Laufe der Ehe bedürftig geworden, so wäre der Verlust seines Alimentationsanspruches für ihn keine geringere Härte als für die Frau.

Die Kinder nehmen zu dem Familienvermögen eine andere Stellung ein als die Eltern. Sie sind nicht Teilhaber des elterlichen Vermögens und können nach unseren sozialen Anschauungen nicht unbedingt darauf rechnen, lebenslänglich aus ihm unterhalten zu werden. Es ist überhaupt nicht ihre Bestimmung, fortdauernd in der engeren Familie zu bleiben und dieser ihr Leben zu widmen. Was sie von dem Verstorbenen erwarten durften, ist Erziehung und Aussteuer.

Das geltende Recht giebt ihnen auch nach dieser Richtung hin nur einen sehr mäßigen Schutz. Für das römische Recht kommt insbesondere der Anspruch auf Kollation in Betracht, welcher den noch unversorgten Kindern gegenüber den versorgten wenigstens eine gewisse Ausgleichung gewährleistet. Aber die Kollation erstreckt sich nur auf Mitgift und Zuwendungen ähnlicher Art, und gerade auf die Erziehungsgelder nicht, sie soll nicht einmal gegenüber dem Pflichtteilsrechte gefordert werden können, und endlich: sie beruht lediglich auf dem Grundsatze, daß die Zuwendungen an die Kinder möglichst gleich gemacht werden sollen. Das Bedürfnis des Lebens fordert dagegen, daß den Unerwachsenen die Mittel zur Erziehung und Ausbildung, soweit es der Vermögensstand überhaupt gestattet, gesichert werden, unabhängig davon, ob der Miterbe seinerseits eine ebenso große Summe gebraucht hat oder nicht. Der gewissenhafte Familienvater hat zunächst seine Kinder zu versorgen und kann das Prinzip der gleichen Verteilung erst für das Vermögen, welches dann übrig bleibt, zur Anwendung bringen, und dasselbe Verfahren sollte auch für die Verfügung über den Nachlaß gesetzlich vorgeschrieben sein. Wenn z. B. ein Arzt oder ein Beamter drei selbständige und zwei unversorgte Kinder bei einem kleinen Vermögen von 10 000 Mark hinterläßt, so erfordert es die Billigkeit, daß dieses zunächst für die Erziehung der unversorgten Kinder verwandt wird. Nach heutigem Rechte findet indessen in Ermangelung besonderer Bestimmungen des Erblassers gleiche Verteilung statt, ja der Erblasser ist sogar, wenn er den besten Willen hat, durch das Pflichtteilsrecht in seiner Verfügung so eng beschränkt, daß er selbst im äußersten Notfalle sein Vermögen nicht ausschließlich den unversorgten Kindern zuwenden kann.

Ueber das wirkliche Bedürfnis hinauszugehen, wird sich auch hier nicht empfehlen, es ist deshalb das eigene Vermögen der Kinder, wenigstens dessen Ertrag, in Rechnung zu ziehen, denn es darf den Kindern, wenn sie ihre Miterben beschränken wollen, mit Recht zugemutet werden, daß sie zuvor ihr eigenes Vermögen verwenden. So weit ein wirkliches Bedürfnis vorliegt, muß freilich auch das Pflichtteilsrecht der Miterben zurücktreten.

Die Alimentationsansprüche derjenigen Verwandten, welche außerhalb der engeren Familie stehen, also der Ascendenten und event. der Geschwister, haben einen etwas anderen Charakter. Wie bei Lebzeiten des Erblassers, so müssen sie auch nach seinem Tode den Ansprüchen der Haushaltsgenossen nachstehen, denn sie setzen ein hinreichendes Vermögen voraus, und ein solches ist nur vorhanden, soweit die Befriedigung der Letzteren noch etwas übrig läßt. Ein Vorzug vor den Pflichtteilsrechten ist aber wieder gerechtfertigt.

Es läßt sich nicht leugnen, daß bei diesem Verfahren die Stellung des Erben vollständig verändert werden wird. Die Vermögen, welche im Verhältnis zu den standesgemäßen Anforderungen sehr klein sind, bilden in Deutschland eine zahlreiche Klasse, und sie werden, da mit dem Erblasser die erwerbende Kraft in der Familie fortfällt, häufig durch die Alimentationsverbindlichkeiten völlig aufgezehrt werden. Der Erbe wird, soweit er nicht etwa zugleich alimentationsberechtigt ist, dadurch das Interesse an der Erbschaft verlieren und entweder ganz auf diese verzichten oder mindestens die Erbschaftsverwaltung, die für ihn lediglich mit Gefahr und Mühe verknüpft ist, ablehnen. Wenn dann stets der Konkurs nötig wäre, so würde die Menge der

Nachlaßkonkurse ins Unendliche wachsen. Die Schwierigkeit kann aber durch eine Nachlaßverwaltung leicht gehoben werden. Zum Verwalter kann derjenige bestellt werden, welcher nach Lage der Sache am meisten interessiert erscheint, also zunächst der Erbe, nach ihm die Mutter oder der Vormund der versorgungsberechtigten Kinder; derselbe verwaltet das Erbschaftsvermögen unter Kontrole des Gerichts und der anderen Interessenten, verwendet es zunächst zur Alimentation der Angehörigen ebenso, wie es der Verstorbene gethan haben würde, läßt bei unzureichender Masse eine entsprechende Einschränkung eintreten und verteilt einen etwaigen Ueberschuß nach den Regeln des Erbrechts.

Wir gelangen demnach zu dem Vorschlage:

Gegen die Erbmasse haben die Angehörigen folgende Ansprüche:

1. Der überlebende Ehegatte auf standesgemäßen Unterhalt.
2. Die Kinder auf standesgemäße Erziehung.
3. Die Töchter außerdem auf Aussteuer.

Die Ansprüche bemessen sich nach dem Stande und den Vermögensverhältnissen und gelten nur insoweit, als sie nicht aus dem Ertrage eigenen Vermögens befriedigt werden können.

Andere Unterhaltsverpflichtungen des Erblassers bestehen fort, wofern nach Befriedigung der obigen Ansprüche der Nachlaß noch zureicht.

Pflichtteilsrechte beziehen sich nur auf das Vermögen, welches nach Befriedigung beider Klassen von Ansprüchen übrig bleibt.

6. Das Intestaterbrecht.

Das altrömische Erbrecht ist, wie wir gesehen haben, auf der Grundlage der alten Familienorganisation erwachsen und berücksichtigt deshalb ausschließlich die Agnaten. Die zwölf Tafeln beriefen in erster Linie die hausgehörigen Kinder („sui heredes“), in Ermangelung von ihnen den nächsten Agnaten, und wenn auch Agnaten nicht vorhanden waren, das Geschlecht. Nicht berücksicht wurden die Kinder, welche noch bei Lebzeiten des Erblassers aus seiner Gewalt ausgeschieden waren, weil sie nicht mehr zur familia gehörten, die Tochterkinder, die Schwesterkinder und überhaupt alle Personen, deren Verwandtschaft durch Frauen vermittelt wurde.

Gegen Ende der Republik hatte der Agnatenverband seine Bedeutung eingebüßt, und daß ein entfernter Agnat an Stelle von Tochterkindern erbte, war durch nichts mehr zu rechtfertigen. Es kam hierzu, daß die freie Eheform allgemein üblich geworden war. Die aus solchen Ehen stammenden Kinder galten nicht als Agnaten ihrer Mutter, und die Folge war, daß regelmäßig nicht einmal Mutter und Kinder ein Erbrecht gegen einander hatten. Das Erbrecht der Geschlechter war vollends eine Antiquität. Denn ein näheres Verhältnis zwischen ihren Mitgliedern bestand längst nicht mehr, ihre politische Bedeutung war ebenfalls verloren gegangen, und kaum noch hatte sich eine dunkle Erinnerung an die Innigkeit des ursprünglichen Verbandes erhalten. Gleichwohl haben Geschlechter noch zur Zeit Ciceros Erbschaftsprozesse geführt.

Die Reformen des prätorischen Rechts beschränkten sich noch auf ein sehr bescheidenes Maß. Es wurden freilich die aus der väterlichen Gewalt ausgeschiedenen Kinder den Hausgehörigen gleichgestellt, im übrigen blieb es aber bei der Bevorzugung der Agnaten, und das für die näheren Kognaten neu eingeführte Erbrecht griff nur in Ermangelung von ihnen Platz. Die Kaiserzeit gab Mutter und Kindern ein gegenseitiges Erbrecht vor ihnen. Seit Anastasius stellte man dann die nächsten Kognaten den gleich nahen Agnaten mehr und mehr gleich und zog sie den entfernteren Agnaten vor. Erst Justinian hat alle Unterschiede beseitigt und allen Kognaten wie Agnaten ein gleiches Erbrecht gegeben.

Daß in dieser Beziehung nichts geändert werden darf, liegt auf der Hand. Wenn, wie nicht zu leugnen ist, für gewisse Familien die Verwandtschaft im Mannesstamme eine größere Bedeutung hat, so kann dem in Testamenten und durch familienrechtliche Institute wie Fideikommisse Rechnung getragen werden, aber im gemeinen Erbrecht ist eine Berücksichtigung unmöglich, weil sich die Familien, für welche das Sonderrecht gelten müßte, nicht scharf ausscheiden lassen.

Die Frage, in welcher Reihenfolge und zu welchem Erbteil berufen werden soll, ist vom römischen Rechte nicht zu allen Zeiten gleich gelöst worden. Bei der Prüfung des Justinianischen Systems fällt dessen Prinziplosigkeit oder, wenn man lieber will, die Buntscheckigkeit seiner Prinzipien sofort in die Augen. Die erste Erbenklasse, die zweite und dritte und endlich die vierte werden ganz verschieden behandelt. Für die Nachkommen des Erblassers wird die aufgeworfene Frage vom Justinianischen Rechte und überhaupt seit ziemlich früher Zeit von fast allen Rechten dahin beantwortet, daß zunächst die Kinder berufen werden, und daß der Anteil verstorbener Kinder an deren Kinder fällt. Von den Ascendenten werden meist nur die dem Grade nach nächsten berücksichtigt. Für die Seitenverwandten stehen zwei Systeme einander schroff gegenüber.

Nach römischer Berechnung gelten als Verwandte zweiten Grades die Geschwister, als Verwandte dritten Grades der Onkel und der Neffe des Erblassers, als Verwandte vierten Grades Großonkel, Vetter und Großneffe. Nach einer völlig äußerlichen Zählung werden grundverschiedene Verwandtenklassen zusammengebracht. Auch hat schon das römische Recht gerade für die näheren Verwandten das System aufgegeben, wie denn in der zweiten und der dritten Erbenklasse des Justinianischen Rechtes die Neffen noch berufen und damit einem Oheim des Erblassers vorgezogen werden.

Dem deutschen Rechtsbewußtsein entspricht zweifellos die sogenannte Parentelenordnung mehr. Nach dieser werden folgende Ordnungen berufen:

1. die Abkömmlinge des Erblassers, also Kinder, Enkel u. s. w.,
2. die Eltern und ihre Abkömmlinge, also Geschwister, Neffen, Großneffen u. s w.,
3. die Großeltern und ihre Abkömmlinge, also Oheime, Vettern, deren Kinder u. s. w. u. s. w.

Die früheren Ordnungen schließen die späteren aus.

Das System hat auch den Vorzug, daß sich das Erbrecht der Abkömmlinge des Erblassers zwanglos in dasselbe einfügt, so daß das ganze Intestaterbrecht nach einem einheitlichen Prinzip geregelt werden kann. Es ist daher sowohl von dem Entwurf wie von dem Bährschen Gegenentwurf angenommen worden. Uebrigens kann man sogar in der zweiten und dritten Justinianischen Erbenklasse einen Ansatz zu einer Parentelenordnung sehen.

Die Reihenfolge innerhalb der Parentel steht nur für die Nachkommen fest. Für die anderen Parentelen kann man — abgesehen von der hier nicht in Frage kommenden Primogenitur — hauptsächlich zwei Systeme unterscheiden. Entweder erben innerhalb der

Parentel die älteren Generationen oder — römisch ausgedrückt — die dem Grade nach nächsten, so daß in der zweiten Parentel die Eltern die Geschwister, diese die Neffen, in der dritten Parentel die Großeltern die Oheime, diese die Vettern, diese die Neffen zweiten Grades unbedingt ausschließen, oder es gilt Erbfolge nach Stämmen, ganz wie bei den Abkömmlingen, d. h. es tritt an die Stelle eines Fortgefallenen dessen Nachkommenschaft, also an Stelle eines verstorbenen Bruders die von ihm abstammenden Neffen des Erblassers, an Stelle eines verstorbenen Oheims die von ihm abstammenden Vettern des Erblassers u. s. f. Die Justinianische Gesetzgebung schwankt bei der zweiten und dritten Erbenklasse zwischen beiden Systemen prinziplos hin und her. Neben den Ascendenten werden die Geschwister immer berufen, neben lebenden Geschwistern werden deren Kinder dagegen nie berufen. An die Stelle vorher verstorbener Geschwister treten bald deren Kinder, bald nicht, an die Stelle vorher verstorbener Neffen treten niemals deren Kinder, vielmehr werden die Großneffen erst in einer späteren Erbenklasse nach den Oheimen des Erblassers und neben Großoheimen und Vettern berufen. Die Verwirrung ist eine Folge der geschichtlichen Entwickelung und beruht darauf, daß man sich von der mechanischen Gradberechnung des älteren Rechtes zu emanzipieren suchte, ohne derselben ein neues in sich geschlossenes System entgegenstellen zu können. Die Justinianische zweite und dritte Klasse lehnte sich an die Erbenklasse an, welche das frühere Recht in Fortbildung der Bestimmung von Anastasius entwickelt hatte, und welche agnatische wie kognatische Geschwister und Geschwisterkinder umfaßte. Für uns sind diese Gründe natürlich nicht mehr maßgebend.

Der Entwurf läßt für die Parentel der Eltern noch ebenso wie bei den Nachkommen Repräsentation gelten. In den späteren Parentelen soll aber nur der dem Grade nach nächste Verwandte erben. Die Motive erkennen an, daß hierdurch Härten entstehen können, begründen die Abweichung aber damit, daß eine Zersplitterung des Vermögens verhindert werden solle, und daß die Erbschaftsregulierung unter entfernten und häufig zerstreut wohnenden Verwandten große Schwierigkeiten bereiten würde. Diese Schwierigkeiten sind aber nicht so groß, um eine Abweichung von der Billigkeit zu rechtfertigen. Sie können ebenfalls in der Parentel der Eltern (der zweiten

Ordnung des Entwurfs), ja sogar, wie die Erfahrung lehrt, unter den Abkömmlingen des Erblassers selbst vorkommen und lassen sich durch ein zweckmäßig gestaltetes Recht über Auseinandersetzung der Erben vermeiden. Mehrere Erben, welche an verschiedenen Orten wohnen, werden einen gemeinschaftlichen Bevollmächtigten bestellen müssen, wenn die Regulierung fortschreiten soll, und wenn keine Einigung zu erzielen ist, bleibt jedem von ihnen als letztes Mittel, eine Nachlaßverwaltung zu beantragen.

Am konsequentesten ist der Vorschlag des Bähr'schen Gegenentwurfs, durchweg das Parentelensystem mit Erbfolge nach Stämmen eintreten zu lassen.*) Unserem Rechtsgefühl entspricht es, wie übrigens auch die Redaktoren des Zivilgesetzentwurfs gefühlt gehabt zu scheinen, ebenfalls am meisten, daß der Erbteil Verstorbener an ihre Kinder fällt. Denn nach den obwaltenden Verhältnissen darf man erwarten, daß dasjenige, was ein Erbe erhält, auch seinen Kindern in irgend einer Weise zu gute kommt: teils dadurch, daß der Hausstand wohlhabender wird und die Ansprüche, welche sie in Bezug auf Erziehung und Aussteuer zu machen haben, infolge dessen reichlicher befriedigt werden, teils dadurch, daß sie das ihren Eltern Zugefallene auf dem Wege des Erbrechts erhalten. So billig es daher einerseits ist, daß die Kinder nicht neben ihren Eltern einen Anteil erhalten, so billig ist es andererseits, daß Kinder verstorbener Verwandter das bekommen, was diese bekommen haben würden. Auch mit dem mutmaßlichen Willen des Erblassers stimmt dies am besten überein, denn die Zuneigung zu den Eltern erstreckt sich häufig, und zumal bei Verwandten, mit auf die Kinder, und wir finden dementsprechend in Testamenten überaus häufig die Bestimmung, daß an die Stelle des zunächst ernannten Erben im Falle seines Todes seine Nachkommen treten sollen. Eine Bestätigung des Prinzips liegt endlich darin, daß es sich für die Klasse der Descendenten, wo unser Rechtsgefühl am schärfsten reagirt, bewährt und vollständig eingebürgert hat.

Wenn das Parentelensystem mit Teilung nach Stämmen gilt, so werden in Ermangelung eigener Nachkommen zunächst die Eltern berufen, und zwar, wie es dem deutschen Recht sehr wohl entspricht, unter Ausschluß der Geschwister. Ist einer der Eltern verstorben, so

*) Gegenentwurf § 1576.

fällt sein Teil an seine Kinder d. h. an die Geschwister des Erblassers,*) sind beide Eltern gestorben, so erben die Geschwister alles. Damit ist zugleich die Frage nach dem Erbteil der Halbgeschwister erledigt: sie haben Teil an dem Erbteil ihres parens, erben also nur mit den Vollgeschwistern, wenn der parens, welcher ihnen und dem Erblasser gemeinsam war, nicht mehr lebt; wenn beide Eltern des Erblassers todt sind, erhalten sie neben Vollgeschwistern die Hälfte. An die Stelle verstorbener Geschwister treten deren Kinder, an die Stelle verstorbener Neffen — entgegen dem Justinianischen Recht — ebenfalls deren Kinder. Wenn Eltern und Nachkommen von Eltern nicht mehr leben, fällt die Erbschaft an die Großeltern, und auch hier kommt der Anteil von Verstorbenen stets deren Kindern zu.

In neuester Zeit ist mehrfach die Frage aufgeworfen worden, ob die Berufung, welche nach Justinianischem Recht und nach fast allen neueren Rechten bis zu den fernsten Verwandtschaftsgraden geht, in Zukunft beschränkt werden soll. Der Entwurf verneint sie, Bähr dagegen in seinem Gegenentwurf will das Intestaterbrecht mit der Parentel der Großeltern aufhören lassen.

Das ältere römische Recht berief die Agnaten ohne Beschränkung, die Kognaten bis zu den sobrini (Vettern zweiten Grades) und deren Kindern.**) Eine Beschränkung des Intestaterbrechts zu Gunsten fiskalischer Interessen ist niemals versucht worden. Bei der rücksichtslosen Ausbeutung des Testamentserbrechtes, welche, wie die Vorgeschichte der lex Julia et Papia Poppaea zeigt, sogar in schroffem Gegensatze zu der öffentlichen Meinung erfolgte, fällt das auf. Wenn das, was der Testator im Testamente vermacht hatte, in zahlreichen Fällen für die Staatskasse eingezogen wurde, die dadurch ungeheure Einnahmen gewann, so befremdet die Interesselosigkeit, mit welcher die Kaiser es duldeten, daß der Nachlaß in Ermangelung eines Testamentes an ziemlich entfernte Verwandte fiel, und ohne Kenntnis der römischen Verhältnisse könnte man darin einen Beweis für ein überaus reges Familiengefühl erblicken. Aber gerade das Gegenteil ist richtig, denn der Grund war nicht,

*) Bähr, Gegenentwurf § 1577.

**) Dies würde etwa der Parentel der Urgroßeltern im Parentelensystem entsprechen. Regelmäßig wird es die entfernteste Verwandtschaft sein, welche überhaupt noch nachweisbar war.

daß man das Intestaterbrecht schonen wollte, sondern daß die ganze Entwickelung dahin ging, ihm seine Bedeutung zu nehmen. Daß jemand ohne Testament verstarb, war bei den Römern eine Ausnahme, und je bedeutender das Vermögen war, um so ängstlicher sorgte man natürlich dafür, daß dieser Fall nicht eintrat. Selbst die vollständige Aufhebung des Intestaterbrechts würde unter diesen Umständen nur geringfügige Einnahmen gebracht haben. Dagegen würde eine jede Beschränkung gehässig und, wie wir hinzufügen müssen, für die Rechtsprechung sehr gefährlich gewesen sein.

Die Unparteilichkeit der römischen Gerichte war nicht über allen Zweifel erhaben. Es giebt uns zu denken, wenn wir hören, daß der Kaiser schon im Anfange des Kaisertums nach einer weit verbreiteten Sitte zum testamentarischen Erben eingesetzt zu werden pflegte. Die übergroße Loyalität, welche sich darin zeigt, überrascht uns, wir begreifen nicht recht, wie sie sich bei den zahlreichen Revolutionen und dem ewigen Wechsel der Herrscherhäuser zu Gunsten von Persönlichkeiten entwickeln konnte, welche vom rein menschlichen Standpunkte nur Abstoßendes hatten, und kommen unwillkürlich auf die Idee, man möge wohl die Erfahrung gemacht haben, daß Testamente, in denen der Kaiser zum Erben ernannt war, weniger oft an Nichtigkeit litten als andere.*) Jedenfalls hatte jeder, der ein solches Testament anfocht, den Kaiser zum Gegner, und es war offiziell anerkannt, daß das sehr bedenklich war. Die uns kaum verständliche Bestimmung, daß man den Kaiser nicht aus Chikane gegen seinen Prozeßgegner zum Erben einsetzen dürfe, wirft auf das, was man von der Unparteilichkeit römischer Richter erwartete, ein seltsames Streiflicht.

Wäre nun dem Fiskus die Intestaterbschaft zugesprochen worden,

*) Die Römer waren in dem Punkt der Unparteilichkeit der Gerichte weniger feinfühlig als wir. Sie nahmen keinen Anstoß daran, daß jemand seine persönliche Stellung, Ansehen und Rang, benutzte, um auf den Richterspruch einzuwirken, und zu diesem Zwecke Verwandte, Freunde und Klienten dem Gerichte vorführte. Schon in der Republik pflegte man gern angesehene Personen auf einen Theil zu Erben einzusetzen: für diese galt es als Ehre, und der Testator sicherte dadurch dem Testamente bei einer etwaigen Anfechtungsklage eine Stütze, die um so größere Bedeutung haben konnte, als der Centumviralgerichtshof in vielen Punkten nach völlig freiem Ermessen entschied.

so hätte umgekehrt der testamentarische Erbe den Kaiser zum Gegner gehabt. Die kaiserlichen Prokuratoren, die, wie wir auch sonst wissen, zu Uebergriffen sehr geneigt waren, hätten in zahlreichen Fällen unter dem Vorwande, daß das Testament nichtig sei, Erbschaften in Besitz nehmen können. In jedem Falle wäre dann dem testamentarischen Erben ein bedenklicher Prozeß erwachsen, oft wäre ihm, wie wir aus dem oben Angeführten schließen dürfen, die Erbschaft zu Unrecht abgesprochen worden, und selbst ein gerechter Spruch wäre leicht in den Verdacht gekommen, mehr aus Rücksicht für den Kaiser als für das Recht gefällt worden zu sein. Und bei alledem würde der Ertrag weit hinter den Einnahmen zurückgeblieben sein, welche die hinfälligen testamentarischen Verfügungen einbrachten.

Die fortschreitende Rechtsentwickelung nimmt bisweilen seltsame Wege, oft haben theoretische Schrullen und zufällige Umstände darauf größeren Einfluß als das lebendige Rechtsbewußtsein. Es ist ganz gewiß nicht einem mächtigen Erstarken des Familiengefühls zu verdanken, wenn Justinian das Intestaterbrecht auf die entferntesten Verwandtschaftsgrade, die überhaupt noch nachgewiesen werden können, ausdehnte, und wenn die neueren Gesetzgebungen ihm darin fast ausnahmslos gefolgt sind.

Das Erbrecht beruht, obgleich es nicht mehr aus einem bereits zu Lebzeiten des Erblassers bestehenden Gesamteigentum abgeleitet werden kann, doch immer noch auf dem natürlichen Zusammenhang der Familie. Insoweit ist es berechtigt und für den gegenwärtigen Kulturzustand unentbehrlich. Würde es beseitigt, so müßte eine vollständige Auflösung aller wirthschaftlichen Verhältnisse die Folge sein. Wenn unter dem Einfluß des allgemein geltenden Erbrechts jeder Besitzer sein Eigentum ohne Rücksicht auf seine mutmaßliche Lebenszeit so zu behandeln pflegt, daß es dauernd den höchsten Wert behält, so würde mit dem Aufhören des Erbrechts eine rücksichtslose Ausbeutung und in anderen Fällen eine völlige Vernachlässigung eintreten, und dadurch der nationale Kapitalbestand in die Gefahr kommen, allmählich aufgezehrt, statt vermehrt zu werden. Aber andererseits erscheint das Erbrecht bei der Ausdehnung über seine naturgemäß gegebene Basis leicht als etwas Willkürliches und Zufälliges, und bei den heute herrschenden Zeitströmungen ist die Möglichkeit nicht abzuweisen, daß in einer plötzlichen Reaktion gegen das zu weit entwickelte Institut mit dem Unberechtigten auch das Berechtigte fallen könnte.

Wir haben also zu prüfen, in wie weit das Erbrecht durch die Familienbande gerechtfertigt wird. Festgewurzelt ist das Erbrecht der Abkömmlinge. Wenn man es aufhöbe, so wäre die sichere Folge, daß Personen, welche Kinder hätten, ausnahmslos Testamente errichten würden, und wenn man auch die Testamente verböte, so würde der Übergang des Vermögens durch Vergabungen unter Lebenden und nötigenfalls durch Scheingeschäfte aller Art herbeigeführt werden. Das Erbrecht der Nachkommen läßt sich nur gleichzeitig mit dem Privateigentum selbst beseitigen. Die alte Idee, daß die Kinder gewissermaßen Mitberechtigte an dem Vermögen der Eltern sind, wirkt noch in unserer Zeit sehr energisch nach. In der Parentel der Eltern wird der Einfluß des Familienbandes bereits erheblich schwächer. In Testamenten sind Übergehungen der Brüder und Neffen aus untergeordneten Gründen, bisweilen auch wohl aus bloßer Laune nicht selten; würde diesen Verwandten das Intestaterbrecht genommen, so würde in vielen, aber durchaus nicht in allen Fällen Korrektur durch Testament eintreten, und Vergabungen unter Lebenden würde der Erblasser, da sie ihm selbst Nachteil brächten, nur ausnahmsweise vornehmen. Der Versuch einer Beschränkung wäre also nicht aussichtslos. Indessen ist es noch immer überwiegende Regel, daß man den Verwandten dieser Parentel in Ermangelung näherer Angehöriger das Vermögen zuwendet, und ein beschränkendes Gesetz würde in Familienverhältnisse eingreifen, die ihre Lebenskraft bis auf die heutige Zeit bewahrt haben. Zweifelhaft wird die Frage in der Parentel der Großeltern. Eine dringende Notwendigkeit, daß Oheime, Vettern und Kinder von Vettern erben, liegt für unser Rechtsgefühl gewiß nicht vor. Man steht diesen Verwandten ferner,*) aber immerhin besteht in den weitaus meisten Fällen noch ein Zusammenhang, und im Interesse einer konservativen Rechtsentwickelung ist es wünschenswert, ihn zu bewahren. Darüber hinaus verliert das Intestaterbrecht seine innere

*) Es ist kein Widerspruch, zu sagen, daß der Neffe dem Oheim ferner steht als der Oheim dem Neffen, ebenso wie Eltern den Kindern ferner stehen als Kinder den Eltern. Das Interesse wendet sich eben mehr den jüngeren Generationen zu.

Berechtigung. In den bürgerlichen Familien sind entferntere Verwandte einander meistens unbekannt, und jedenfalls fehlt es an jeglicher Interessengemeinschaft, in adeligen Familien ist häufig der Familiensinn stärker entwickelt, aber trotzdem würde es schwer sein, für sie, wenn man es wollte, das Intestaterbrecht passend zu gestalten, weil nicht die Nähe der Verwandtschaft — sei es nach römischem System oder nach Parentelensystem — entscheidet, sondern regelmäßig die Verwandtschaft im Mannstamme vorgezogen wird. Oft giebt lediglich die Gleichheit des Namens den Ausschlag. Derartige besondere Verhältnisse können in einem gemeinen Recht nicht berücksichtigt werden, man muß ihnen durch besondere Institute, wie das Familienfideikommiß, Rechnung tragen.

Wenn man als Grund für die Beibehaltung des unbeschränkten Intestaterbrechts das Bestreben angegeben hat, den Familiensinn zu heben,*) so verfehlt das Mittel entschieden seinen Zweck. Der

*) Eine Notiz, welche zur Zeit durch die Zeitungen geht, illustriert diesen „Familiensinn" sehr treffend. Sie lautet: Schatzgräber in der Königlichen Bibliothek. Zu den häufigen Erscheinungen im Lesesaale unserer Königlichen Bibliothek gehören die „Erbschaftssucher". Es sind fast ausschließlich einfache Leute aus dem Volke und meist Frauen, welche dort in vergilbten Amtsblättern alter Jahrgänge trügerischen Hoffnungen nachgehen. Der Eifer, mit welchem diese Leute „arbeiten", übertrifft bei Weitem den Fleiß der in denselben Räumen thätigen Gelehrten. Dem Beamten, der ihnen die alten Bände heraussucht, erzählen sie oft abenteuerliche Geschichten von den Goldbergen, die sie zu erwarten haben. Aber es ist noch immer Truggold gewesen. Ein Dienstmann schwärmte eine Zeit lang von einer holländischen Erbschaft und von Millionen, die aus einem Grundstück in der Wilhelmstraße ihm zufallen müßten. Er suchte in der Bibliothek Tag für Tag mit einer fieberhaften Hast. Als er nach der realen Grundlage seiner „Erbschaft" gefragt wurde, erzählte er, daß in der Zeitung seiner Heimath eine Mittheilung darüber gestanden hätte. Man rieth ihm, doch zuerst dem Ursprung der Notiz nachzuforschen, und nun stellte sich heraus, daß ein Angehöriger, der seine Habgier kannte, sich einen schlechten Scherz mit ihm erlaubt hatte. — Noch viel romantischer lautete eine Mär von einem verschollenen Erbonkel, die ein junges Ehepaar zum Suchen in den Amtsblättern veranlaßte; es war eine phantasievolle Geschichte, die Tennysons Enoch Arden fast bis zum Schlusse ähnelte; nur war der auf die einsame Tropeninsel Verschlagene nicht der Gatte, sondern der Onkel. Monate lang „forschen" die Erbschaftssucher oft in den alten Zeitungsbänden, sie blättern und blättern, aber bis jetzt hat noch keiner dieser Bibliothekbesucher seine „Erbschaft" gefunden.

Familiensinn, welcher sich lediglich auf tote reiche Verwandte richtet und erst in dem Augenblick erwacht, wo er Vorteile verspricht, verdient eine Förderung durch das Recht nicht.

Die Motive zu dem Civilgesetzentwurf § 1969 führen eigentlich nur für die Beschränkung des Intestaterbrechts Gründe an, nämlich daß in den entfernteren Verwandtschaftsgraden sehr selten ein Bewußtsein der Familienzusammengehörigkeit besteht, und daß durch eine Begrenzung des Erbfolgerechtes dem Jagen nach Erbschaften Einhalt gethan werden würde. Dem gegenüber ist es nicht recht verständlich, wenn gesagt wird, es komme nicht auf das Bewußtsein der Familienzusammengehörigkeit, sondern auf die „mittelbare oder unmittelbare Blutsverbindung" an. Diese „Blutsverbindung" rechtfertigt doch das Erbrecht nicht vermöge irgend einer mystischen Einwirkung, sondern eben deshalb, weil sie das Gefühl der Familienzusammengehörigkeit erzeugt. Falsch ist der Einwand, es würde, um „den sich zeigenden Bestrebungen Rechnung zu tragen", nicht nur das Intestaterbrecht begrenzt, sondern auch die Testierfreiheit beschränkt werden müssen. Gerade umgekehrt: da, wo der Familiensinn sich auch auf die entfernteren Verwandtschaftsgrade erstreckt, mag der Erblasser ihm durch ein Testament Rechnung tragen, aber ohne Testament jeglichen Verwandten zu berufen, dazu liegt kein Grund vor.

Staat und Gemeinde stehen dem Erblasser näher als entfernte Verwandte, und können umsomehr ein Erbrecht beanspruchen, als ihnen viele Aufgaben zugefallen sind, welche ursprünglich der Verwandtenverband hatte. Man braucht statt alles anderen nur auf den Schutz der Person und auf die Unterhaltspflicht im Falle der Bedürftigkeit hinzuweisen.*) In das moderne fiskalische System paßt das Institut freilich nicht recht hinein, und wir werden denselben Einwand hören, welcher bei jeder Luxussteuer laut wird, daß nämlich keine großen Einnahmen zu erwarten seien. Ein richtiger Finanzmann nimmt lieber den Pfennig des Armen, als den Thaler des Reichen, weil bei der Überzahl der Armen die Pfennige mehr einbringen. Für die Reichen ergiebt sich daraus ein vorzügliches

*) Die Motive erklären ohne Begründung, daß die Frage zur Zeit noch nicht für spruchreif erachtet werden könne, obschon dieselbe in neuerer Zeit vielfach und von verschiedenen Standpunkten aus beleuchtet und erörtert worden ist.

Argument gegen jede Abgabe, welche sie speziell treffen würde. Ob das Ergebnis wirklich so geringfügig sein würde, mag dahin gestellt bleiben, in erster Linie kommt es hier nicht auf die Einträglichkeit an, sondern darauf, daß Staat und Gemeinde einen viel besseren Billigkeitsanspruch auf die Erbschaft haben, als ferne Verwandte, die möglicherweise von dem Erblasser erst bei Gelegenheit seines Todes etwas erfahren.

Eine gewisse Popularität kann man ja den Erbschaften der „Erbonkel" nicht absprechen. Es liegt eben in der menschlichen Natur, daß der mühelose Gewinn einen ganz besonderen Reiz ausübt. Aber ihre sittliche Berechtigung ist noch geringer, als beim Lotteriegewinn, für den man doch wenigstens selbst eine Aufwendung gemacht hat. Der materielle Nutzen ist meist auch nicht größer, denn der entferntere Verwandte kann in den seltensten Fällen erforschen, ob nicht ein näherer Erbe vorhanden ist. Sicher sind meist nur die Kosten, welche ihm erwachsen. Das Spielen in der Lotterie hat doch wenigstens das Gute, daß es gegen einen begrenzten Einsatz eine bestimmte Hoffnung auf einen Gewinn gewährt, der im günstigen Falle mit einem festgesetzten Abzug ausgezahlt wird. Alle diese Vorteile hat der „Erbschaftssucher" nicht: die Kosten sind unberechenbar, die Hoffnung ist gänzlich unbestimmt, und ungewiß ist auch, was ihm selbst in dem seltenen günstigen Falle von der Erbschaft bleiben wird.*) Auch von diesem Gesichtspunkte aus ist eine Beschränkung des Intestaterbrechts auf das wirklich berechtigte Maß dringend geboten.**)

Zweifelhaft ist es, ob das Intestaterbrecht besser der Gemeinde oder dem Staate gegeben wird.***) Im Sinne des Erblassers empfiehlt sich Ersteres mehr. Freilich leistet der Staat für die

---

*) Man vergleiche die Fälle bei Zoll in Grünhut's Zeitschrift XVII S. 550.

**) Vorstehende Vorschläge sind im allgemeinen von Zoll a. a. O. angeregt und speziell von Bähr in seinem Gegenentwurf ausgeführt worden. In einer Diskussion in der Berliner „Internationalen Vereinigung" betonte der bekannte Sozialpolitiker Dr. Max Hirsch, daß es entschieden zur Milderung des gegenwärtigen Klassenhasses beitragen werde, wenn Erbschaften der Reichen so zum Nutzen der Armen verwandt würden.

***) Bähr giebt es beiden zur Hälfte.

Sicherung der bürgerlichen Existenz unvergleichlich viel mehr, aber zu der Gemeinde besteht eine nähere persönliche Beziehung. Dem Staatswesen gehört man in den weitaus meisten Fällen wahllos an, den Wohnsitz in einer bestimmten Stadt oder einem bestimmten Dorf wählt man häufig nach den Vorteilen, die für das Fortkommen oder den Annehmlichkeiten, die für das Leben geboten werden; das Gedeihen der Gemeinde und alle ihre Interessen berühren den Einzelnen unmittelbarer. Daß jemand die Gemeinde zur Erbin einsetzt, kommt öfter vor, daß jemand den Fiskus einsetzt, kaum. Ist daher die Gemeinde Intestaterbin, so wird der Intestator viel seltener Anlaß nehmen, dies durch Testament zu ändern, als wenn er erwarten muß, daß der Fiskus die Erbschaft erhält. Das berechtigte Interesse von diesem kann durch Erbschaftssteuern wahrgenommen werden, von denen noch später die Rede sein soll. Hat der Testator doppelten Wohnsitz, so würden die in Frage kommenden Gemeinden zu gleichen Teilen erben.

Es ist hiergegen geltend gemacht worden, daß bei einer solchen Regelung gerade die besser gestellten Gemeinden bevorzugt werden, weil sich nach ihnen die Wohlhabenderen zu wenden pflegen. Ich glaube nicht, daß hierin eine wirkliche Unbilligkeit liegt. Die größeren Städte, die damit offenbar zunächst gemeint sind, haben durchweg sehr bedeutende Ausgaben, bei denen ihnen ein außerordentlicher Zuschuß sehr zu Nutzen kommen würde; sie bieten zudem ihren Einwohnern erheblich mehr, indem sie große Summen auf Einrichtungen im öffentlichen Interesse verwenden, und das ist gerade der Hauptgrund, weshalb die wohlhabenden Klassen ihnen zuströmen.

Dagegen ist es allerdings wünschenswert, den Verwendungszweck derartiger außerordentlicher Einnahmen festzulegen, schon deshalb, um einer Verschleuderung derartiger außerordentlicher Einnahmen vorzubeugen.*) Auch hier giebt uns die Rechtsitte einen beachtenswerten Fingerzeig, denn testamentarische Zuwendungen an Gemeinden pflegen durchweg mit Zweckbestimmungen verbunden zu sein. Am meisten empfiehlt es sich, daß Gemeinden über Erbschaften nur zu gemeinnützigen Zwecken, und zwar mit Zustimmung der Regierung, verfügen

---

*) In der oben erwähnten Diskussion wurde dieser Gesichtspunkt namentlich von dem Regierungsassessor Bingner hervorgehoben.

dürfen, und daß dabei Wünsche, welche der Erblasser etwa der Gemeindevertretung gegenüber ausdrücklich geäußert hat, thunlichst zu berücksichtigen sind. Für den Erblasser würde hiermit zugleich ein Motiv geschaffen, in das Intestaterbrecht der Gemeinden nicht mit einem Testamente einzugreifen.

Eine weitere Vereinfachung des römischen Systems der Intestaterbfolge kann durch Beseitigung der successiven Berufung eintreten. Der Satz, daß bei Ablehnung der Erbschaft von dem nächst Berufenen an seine Stelle ein anderer berufen wird, war dem ältesten Rechte fremd und ist erst durch den Prätor eingeführt worden. Der legislatorische Grund dafür liegt weniger in dem Vorteil, welcher den ferneren Verwandten auf diese Weise zukommt — meist wird die abgelehnte Erbschaft keinen großen Vorteil gewähren — als in dem Bestreben, welches das ganze römische Erbrecht leitet, einen Erben zu gewinnen. Wenn der Erwerb der Erbschaft von Rechts wegen erfolgt, und die Liquidation der Erbschaft auch ohne Zuthun des Erben durch einen Verwalter beschafft wird, fällt dieser Grund fort. Das von Rechts wegen erworbene Erbrecht ist ein Vermögensrecht, welches sich auf den Überschuß richtet, den der Nachlaß bei der Liquidation ergiebt; der Erbe kann hierüber wie über jedes andere Vermögensrecht verfügen, und wenn er darauf verzichtet, was nur äußerst selten geschehen wird, so liegt auch kein Grund vor, den Fall anders zu behandeln als überhaupt den Verzicht auf Vermögensrechte.

Der Zeitpunkt der Berufung fixiert sich dann durchweg auf den Zeitpunkt des Todes des Erblassers. Wer in diesem Augenblick noch lebt, erwirbt die Erbschaft auch ohne Wissen und Willen und überträgt sie auf seine Erben. Bei der successiven Berufung des römischen Rechtes kam es darauf an, festzustellen, wann der Erstberufene ausgeschlagen hatte, weil die nächste Berufung sich nach diesem Momente richtete. Alle diese Schwierigkeiten fallen fort. Es bleibt nur der Fall übrig, daß die Berufung zur Zeit in der Schwebe ist, weil die Geburt eines Erben erwartet werden kann. Das römische Recht schiebt die Berufung hinaus, beruft also, wenn der Erblasser eine schwangere Witwe hinterlassen hat, und wenn in der Folge ein Abortus erfolgt ist, diejenigen Verwandten, welche zur Zeit des Abortus die nächsten sind. Ist demnach der Verwandte, welcher zur Zeit des

Todes des Erblassers der nächste war, inzwischen verstorben, so erhält die Zeit, zu der der Abortus erfolgte, entscheidende Bedeutung und kann zu verwickelten Beweisfragen Veranlassung geben. Bei einem in den ersten Monaten erfolgenden Abortus kann es sogar zweifelhaft werden, ob eine Schwangerschaft überhaupt vorlag. Ein triftiger Grund, den Fall, wo überhaupt keine Schwangerschaft vorlag, und den Fall, wo Abortus vorlag, verschieden zu behandeln, ist für uns nicht vorhanden,*) und wir können auch in dieser Beziehung allen Schwierigkeiten entgehen, wenn wir den Zeitpunkt des Todes des Erblassers durchweg als maßgebend ansehen. Die ganze Lehre von der Anwachsung mit allen ihren Feinheiten fällt natürlich ebenfalls fort.

Auch auf dem Gebiet des Testamentserbrechts läßt sich das Hinausschieben der Berufung gut vermeiden. Alle Erbeinsetzungen, selbst die bedingten, können einfach auf den Zeitpunkt des Todes des Erblassers bezogen werden. Wenn die Römer zur Gültigkeit einer bedingten Einsetzung verlangen, daß der Eingesetzte den Eintritt noch erlebt, so erklärt das sich daraus, daß es ihnen auf die Persönlichkeit des Erben in erster Linie ankommt, während bei uns vor allem die Familienzugehörigkeit zu entscheiden pflegt. In den weitaus meisten Fällen wird bei uns der Testator einverstanden sein, daß das, was er jemandem zugewendet hat, eventuell auch an seine Erben fällt. Zudem ist es auch schon für den Lebenden ein Vorteil, wenn er sicher weiß, daß bei dem Eintritt einer gewissen Bedingung die Erbschaft an ihn oder seine Erben fällt, auch wenn er selbst den Eintritt nicht mehr erleben sollte. Ist der Eintritt der Bedingung sehr wahrscheinlich, so kann die bedingte Erbeinsetzung sogar zu Kreditzwecken ausgenutzt werden. Die Feststellung, in welchem Momente eine Bedingung als erfüllt gilt, und manche anderen Punkte der verrufenen Lehre von den Bedingungen verlieren dadurch den größten Theil ihrer praktischen Bedeutung.

Keine Schwierigkeiten bereitet die Kollation. Schon nach römischem Rechte müssen die Nachkommen sich bei der Erbteilung

*) Der römische Satz gehört der Formaljurisprudenz an, welche eine bedingte oder eventuelle Delation nicht kennt. Es war deshalb unabweisliches Erfordernis, daß der Erbe solange gelebt haben mußte, bis über die Delation definitiv entschieden war.

gewisse Zuwendungen, welche sie vom Erblasser zu seinen Lebzeiten erhalten haben, anrechnen lassen. Der Entwurf § 2158 bestimmt in dieser Beziehung sachgemäß:

> Zur Ausgleichung zu bringen ist dasjenige, was der Erblasser dem Abkömmlinge wegen dessen Verheiratung, Errichtung eines eigenen Hausstandes, Übernahme eines Amtes oder wegen Begründung eines Erwerbsgeschäftes oder einer sonstigen selbständigen Lebensstellung zugewendet hat. Diese Vorschrift findet auf die Bestreitung der Kosten der Vorbildung zu einem Lebensberufe keine Anwendung.

Bähr stimmt dem zu, und es wird sich auch kaum etwas einwenden lassen. Im Sinne der hier gemachten Vorschläge ist eine kleine Änderung nötig: es ist außer den Kosten der Vorbildung zu einem Lebensberufe auch die Aussteuer von der Kollationspflicht auszunehmen, weil die noch nicht ausgesteuerten Kinder gegen die Erbschaft einen Anspruch auf Aussteuer haben, so daß die Ausgleichung auf anderem Wege herbeigeführt wird.

In einem anderen Punkte ist eine stärkere Abweichung von dem römischen Rechte geboten, nämlich zu Gunsten der überlebenden Ehegatten. Es ist klar, daß das von Justinian eingeführte Erbrecht der unvermögenden Wittwe, welches im wesentlichen übrigens wohl nur zur Sicherung standesgemäßen Unterhalts bestimmt war, dem modernen Rechtsgefühl nicht genügt. Über die Art, wie der überlebende Ehegatte berücksichtigt werden soll, differieren indessen der Entwurf und der Bähr'sche Gegenentwurf, jener will dem Gatten einen Bruchteil des Vermögens, dieser die Hälfte des Nießbrauchs geben. Sachgemäßer ist das Letztere. Der überlebende Ehegatte will regelmäßig nicht, wie die Kinder, ein Kapital als Beitrag dazu, um sich eine eigene Existenz zu gründen, sondern er verlangt, möglichst das bisherige Leben aus dem Ertrage des Vermögens, welches bisher dazu diente, fortsetzen zu können. Nach dem oben Ausgeführten würde ihm freilich der standesgemäße Unterhalt gesichert sein, aber für denjenigen, welcher bisher von dem Ertrage eines großen Vermögens im Luxus lebte, kann selbst in einer plötzlichen Beschränkung auf den standesgemäßen Unterhalt eine Härte liegen. Daß der angegebene Weg der richtige ist, bestätigt die in Testamenten sich dokumentierende Rechtsitte, nach welcher man dem überlebenden Ehegatten die Nutzung des Vermögens auf Lebenszeit in irgend einer Form zu sichern pflegt.

Der Nießbrauch würde übrigens — ebenfalls im Einklang mit der Rechtsitte — im Falle einer Wiederverheiratung aufhören müssen. Denn nun gründet der Überlebende eine neue Existenz auf neuer Grundlage, und der Anspruch, aus dem Vermögen des Verstorbenen unterhalten zu werden, verliert seine Billigkeit.

Ein sehr beachtenswerter Einwand ist, daß hierdurch das Vermögen auf unabsehbare Zeit gebunden wird. Es kann ja unter Umständen kommen, daß es erst nach fünfzig oder mehr Jahren den wirklichen Erben zu freier Verwendung zufällt. Deshalb empfiehlt es sich, statt des Nießbrauchs ein entsprechendes Rentenrecht zu gewähren. Um den Erben gänzlich freie Hand zu schaffen, zeigen uns außerdem unsere modernen wirtschaftlichen Institute einen einfachen Ausweg: es muß den Erben gestattet werden, die freie Verwaltung zu übernehmen, wenn sie nach dem Urteil von Sachverständigen einen durchschnittlichen Ertrag des Vermögens feststellen lassen, und die entsprechende Summe in Form einer Leibrente sicher stellen.

Wir gelangen demnach zu folgenden Vorschlägen:

Es werden berufen:

1. Die Kinder.
2. Die Eltern.
3. Die Großeltern.
4. Die Gemeinde, in welcher der Erblasser seinen Wohnsitz hatte.
5. Der Fiskus.

Den Teil, welchen ein verstorbener Verwandter erhalten haben würde, erben stets dessen Kinder. Die späteren Ordnungen werden nur berufen, wenn Verwandte der früheren Ordnungen oder Nachkommen von ihnen nicht den Erblasser überlebt haben.

Der überlebende Ehegatte hat den Anspruch auf eine lebenslängliche Rente, welche dem durchschnittlichen Ertrage der Hälfte des Vermögens beider Gatten entspricht. Der Anspruch erlischt durch Wiederverheiratung.

7. Erbschaftssteuern.*)

Die Beschränkung des Intestaterbrechts auf die näheren Verwandten ist, wie wir gesehen haben, zugleich eine Forderung der Billigkeit und der volkswirtschaftlichen Erwägung. Erbschaften von entfernten Verwandten bringen oft noch geringeren Segen als Lotteriegewinne. Deshalb würde diese Maßregel zu empfehlen sein, auch wenn es richtig wäre, was so vielfach behauptet wird, daß das finanzielle Ergebnis ein überaus geringes wäre. In der heutigen Zeit, wo die Finanzlage derartig ist, daß man die übermäßigen Gerichtsgebühren nicht abmindern kann und Steuern vorschlagen muß, die das Verkehrsleben auf das Empfindlichste zu schädigen drohen, sollen die öffentlichen Korporationen kein Einkommen verschmähen, das ohne Unrecht gewonnen werden kann.

Eine größere finanzielle Ausbeute verspricht aber die Maßregel, wenn sie durch ein rationelles System von Erbschaftssteuern ergänzt wird. Den sozialpolitischen Erwägungen kann sich heute nun einmal das Recht nicht verschließen, und die Frage muß, auch wenn sie jetzt nicht gelöst wird, in Zukunft immer wieder auftauchen. Man thue zur Zeit, was die Billigkeit erfordert, damit nicht später radikalere Maßregeln nötig werden.

Auch hier hört man regelmäßig, daß die Erbschaftssteuern wenig einbringen. So wie sie zur Zeit eingerichtet sind, ist das teilweise richtig. Nach den herrschenden Finanzprinzipien muß die Steuer auf möglichst viele Vermögen gelegt werden, und man kann nicht einmal solche Fälle ausnehmen, in welchen ihre Eintreibung eine offenbare Unbilligkeit ist. Soll sie unter diesen Umständen erträglich bleiben, so sind hohe Sätze unmöglich. Es ist zweifellos: schon die jetzt bestehenden Erbschaftssteuern führen in vielen Fällen zu Härten. Wenn z. B. Steuern selbst von solchen Vermögen erhoben werden, die nicht einmal zum Unterhalt der Hinterbliebenen ausreichen, so nimmt man den Witwen und Waisen, die ihren Ernährer verloren haben, noch von dem Notwendigsten einen Teil ab, und selbst der geringste Prozentsatz ist in diesem Falle zu hoch.

*) Zur weiteren Informierung wolle man den Artikel „Erbschaftssteuern" in dem „Handwörterbuch der Staatswissenschaften" vergleichen.

Auf dieses Scherflein der Witwen und Waisen muß der Fiskus in Zukunft verzichten. Nach den obigen Vorschlägen würde alles, was zur Befriedigung von Unterhaltsansprüchen erfordert wird, gleich einer Schuld von der Erbmasse abgezogen werden und daher überhaupt nicht zur Versteuerung gelangen. Um allen Anforderungen der Billigkeit zu genügen, sollten in gleicher Weise alle Alimentenvermächtnisse ohne Unterschied für steuerfrei erklärt werden.

Auch abgesehen davon werden die Erbschaften, welche an die Frau oder an Abkömmlinge des Erblassers fallen, einer wesentlich höheren Besteuerung, als sie vielfach schon zur Zeit besteht, kaum fähig sein. Niedrige Beträge bleiben am besten ganz frei, und auch für höhere ist jedenfalls nur eine mäßige Steuer angemessen.*) Die Kinder haben nach unserer Anschauung nun einmal ein Recht auf das Vermögen der Eltern, und jeder energische Zugriff des Staates wird hier wie eine Expropriation empfunden. Auch würde bei hohen Steuern der Antrieb, sich ihnen zu entziehen, besonders mächtig sein, und er könnte sogar zur Auswanderung reicher Leute führen.

Den steuerfreien Betrag darf man, um allen Ansprüchen der Billigkeit zu genügen, nicht zu niedrig bestimmen; beschränkt man die Steuer etwa auf das, was 20 000 Mark übersteigt, so wird eine 1 prozentige Abgabe nicht drückend werden. Ein Erbe von 30 000 Mark hat dann 100 Mark, ein Erbe von 100 000 Mark 800 Mark zu zahlen. Auf progressive Steigerung wird man am besten verzichten, weil gerade für große Vermögen der Anreiz, sich der Steuer zu entziehen, am größten, und die Durchführung dieser Absicht meist am leichtesten ist. Eine 5 prozentige Steuer würde z. B. einem Millionär ein starkes Motiv geben, seinen Wohnsitz nach dem Auslande zu verlegen, um dadurch seinen Kindern ein Kapital von 50 000 Mark zu retten.

Ganz andere Erwägungen greifen aber bereits in der zweiten Parentel Platz. Geht man davon aus, daß alle Alimentationsansprüche und Alimentationsvermächtnisse frei bleiben, so erfordert unser Billigkeitsgefühl keineswegs, daß das, was an Eltern, Geschwistern und Neffen fällt, im wesentlichen intakt bleibt. Durch eine

*) Der Gedanke ist namentlich von Warschauer vertreten worden.

solche Erbschaft bekommt man nicht etwas, worauf man einen natürlichen Anspruch hat, sie stellt sich vom pekuniären Gesichtspunkt fast durchweg als ein Glücksfall dar, und hier widerspricht es der Billigkeit nicht, wenn der Staat eine namhafte Abgabe fordert. Erwägt man, was noch ertragen werden kann, ohne wirklich drückend zu werden, so kann man bis zu einer Höhe von 5 Prozent gehen.*) Vielleicht werden einzelne Hinterziehungen vorkommen; sehr zu fürchten sind sie aber nicht, weil der Erblasser selbst dabei Gefahr läuft; auch Auswanderungen, um die Steuer zu vermeiden, werden nicht häufig sein. Nur wenige werden sich zu einer völligen Änderung ihrer Lebensverhältnisse entschließen, um für einen Vater, Bruder oder Neffen, dessen standesgemäßer Unterhalt ihm übrigens steuerfrei hinterlassen werden kann, $^1/_{20}$ des Vermögens, das sonst an den Fiskus fällt, zu retten. Um Härten zu vermeiden, wird hier ein steuerfreier Betrag von 10 000 Mark jedenfalls genügen. Dann hat ein Neffe, welcher von seinem Oheim 20 000 Mark erbt, 500 Mark zu zahlen — eine bedeutende, aber unter den vorliegenden Umständen sehr erträgliche Abgabe. Wenn $^1/_{20}$ des Nachlasses aller vermögenden Personen, welche ohne Kinder versterben, an die Staatskasse kommt, so darf man den Einwand, daß Erbschaftssteuern nichts bringen, wohl als beseitigt ansehen. Ein einziges großes Vermögen, welches zur Versteuerung gelangt, wird mehr einbringen, als groschenweise eingetriebene Steuern von Millionen von Quittungen.

Für entferntere Verwandte und Freunde können die Sätze noch beträchtlich erhöht werden. Denn in den ferneren Graden nimmt die Erbschaft mehr und mehr den Charakter eines reinen Glücksfalles an, und Hinterziehungen sind immer weniger zu fürchten, weil der

*) 5 Prozent Steuer klingt exorbitant. Man bedenkt dabei nicht, daß ebenso exorbitante Steuern bereits vielfach auf die Nutzung selbst erworbenen Vermögens gelegt sind. In Rostock besteht z. B. eine Grundstücksstcuer von $\frac{1}{2}$ Prozent des Kapitalwertes. Das bedeutet, wenn man den Nutzungswert durchschnittlich zu 5 Prozent des Kapitalwertes annimmt, daß die Nutzung der Grundstücke mit 10 Prozent besteuert wird. Daß hierin eine gewisse Härte liegt, soll nicht geleugnet werden. Bei der vorgeschlagenen Erbschaftssteuer handelt es sich aber um die einmalige — verhältnismäßig halb so hohe — Besteuerung eines reinen Vermögensgewinnes, welche natürlich sehr viel leichter ertragen wird.

Erblasser ein zu geringes Interesse daran hat. Man könnte etwa ansetzen:*)

für Großeltern und deren Nachkommen. . 15 Prozent,
für alle andern . . . . 25 Prozent.**)

Ein steuerfreier Betrag ist nur insofern wünschenswert, als dadurch die Einmischung des Staates vermindert und die Schmälerung kleiner Zuwendungen vermieden wird. Man könnte ihn für Großeltern und deren Nachkommen auf 1000 Mark, für alle anderen Personen auf 500 Mark normieren. Ganz kleine Vermögen bleiben dann meist ganz frei, was der Abgabe jegliche Gehässigkeit nehmen wird.

Das ist nun freilich keine gewöhnliche Steuer mehr, sondern ein thatsächliches Erbrecht in dem Gewande der Steuer. Aber ein triftiger Einwand gegen die Berechtigung liegt darin nicht. Der Staat schützt die Person des Einzelnen, ermöglicht ihm den Erwerb und die Erhaltung seines Vermögens, sorgt durch zahlreiche kostspielige Einrichtungen für seine Existenz und sein Wohlbefinden, es ist durchaus billig, daß er bei dem Tode, wenn nähere Verwandte fehlen, einen Teil des Nachlasses einzieht. Man darf geradezu von einem in dieser Art bedingten Pflichtteilsrecht des Staates reden.

Man kann die Frage aufwerfen, ob dem Staate nicht einfach ein direktes Erbrecht gegeben werden soll? Die Form der Steuer empfiehlt sich aber deshalb mehr, weil dann der Anteil des Staates an den verschiedenen Zuwendungen den besonderen Verhältnissen entsprechend verschieden bemessen werden kann. Der Anteil darf eben kein feststehender sein. Wenn aus demselben Nachlasse auf Grund testamentarischer Bestimmung etwas an Abkömmlinge, anderes an sonstige nähere Verwandte und noch anderes an Fremde kommt, so müssen davon ganz verschiedene Sätze erhoben werden. An dem, was der Testator seinen Angehörigen entzieht, um es Fremden zuzuwenden, ist ein hoher Abzug zu Gunsten des Staates wohl gerechtfertigt. Fehlen nähere Verwandte überhaupt, so ist diese Berechtigung

*) Als Vergleich für die Sätze kann man die Besteuerung von Lotteriegewinnen heranziehen. Stellt man bei dieser die Nebengebühren, wie „Einschreibegelder" u. s. w. mit in Rechnung, so dürften sich im allgemeinen ähnliche, vielleicht noch höhere Sätze ergeben.

**) In der Berliner „Internationalen Vereinigung" wurden sogar 50 Prozent vorgeschlagen.

von vornherein gegeben, und der Testator kann seinen Nachlaß den höheren Steuersätzen nicht entziehen, wen er auch zum Erben ernennen mag. Am besten wird daher ein Unterschied zwischen testamentarischer und Intestaterbfolge, ferner zwischen Erbschaften, Vermächtnissen und Schenkungen von Todes wegen überhaupt nicht gemacht, sodaß es sich lediglich nach der Person des Empfängers bestimmt, wie viel von dem, was ihm zugedacht war, an den Staat fällt.

Obgleich also die Berechtigung der Abgabe auf erbrechtlicher Grundlage beruht, so wird sie doch am besten in der Form eines besonderen Steuergesetzes eingeführt.

---

8. Der Erwerb der Erbschaft.

Dem römischen Billigkeitsgefühl widerspricht es, daß jemandem ohne einen Willensakt von seiner Seite, überhaupt ohne sein Zuthun zu Gunsten eines andern Verpflichtungen auferlegt werden. Nun lasten aber nach römischem Rechte auf dem Erben, da er die unbeschränkte Haftung für die Schulden übernehmen muß, bedeutende Pflichten, und die alten Juristen betonen sehr entschieden, daß der Erwerb einer Erbschaft kein reiner Gewinn, sondern mit einem unter Umständen recht großen Risiko verbunden ist. Aus diesem Grunde durfte er sich regelmäßig nicht von Rechts wegen, sondern nur durch eine ausdrückliche Willenserklärung des Berufenen vollziehen.

Für die Haussöhne galten besondere Regeln. Das alte jus civile beruhte noch auf der Idee, daß alle Familienmitglieder in Wirklichkeit Teilhaber des Familiengutes seien, darum aber auch für die darauf lastenden Schulden persönlich hafteten. Es war nur eine natürliche Konsequenz dieses Gedankens, daß die Söhne das, was ihnen nach dem Tode des Familienhauptes von dem gemeinsamen Vermögen zufiel, ohne einen besonderen Erwerbsakt von Rechts wegen erhielten, und es widersprach auch nicht der Billigkeit, daß sie von den Schulden, an denen sie schon zu Lebzeiten des Vaters mitbeteiligt gewesen waren, nach Verhältnis des Anteils, den sie aus dem Familienvermögen bekamen, ohne und selbst wider ihren Willen betroffen wurden.

Als die Idee des Gesamteigentums der Familie abstarb, verlor dieser ganze Rechtszustand seine natürliche Unterlage. Nachdem der Familienvater zum alleinigen Herrn des Vermögens geworden war, mußte er auch für die Schulden allein haften. Besondere Gesetze verboten dem Gläubiger, die Person der Angehörigen des Schuldners für seine Forderungen in Anspruch zu nehmen, und der Prätor mußte sie jetzt auch dagegen schützen, daß er es nach dem Tode des Schuldners unter dem Vorwande, sie seien dessen Erben geworden, that.

Dies wurde auf eine sehr zweckentsprechende Weise bewirkt. Der Erwerb der Erbschaft vollzog sich für hausgehörige Kinder nach wie vor sofort von Rechts wegen, aber die damit verbundenen Pflichten traten erst ein, wenn das Kind die Erbschaft thatsächlich an sich nahm oder sonst die Absicht zeigte, sie zu haben („se immiscere hereditati"). So lange man sich von dem Nachlaß fern hielt, hatte man das beneficium abstinendi und lehnte vermöge desselben jegliche Haftung für die Schulden ab. Lediglich an jene negative Voraussetzung war das beneficium abstinendi geknüpft. Rückgängig gemacht wurde der Erwerb dadurch nicht. Noch immer konnte das berufene Kind nachträglich sein Erbrecht geltend machen, sofern dies nicht etwa bereits durch Verkauf des Nachlasses im Erbschaftskonkurse gegenstandslos geworden war. Erst Justinian beschränkte die Möglichkeit, eine Abstinenzerklärung zu widerrufen, auf die Zeit von drei Jahren. Uebrigens war die Erbschaft auch während der Zeit der Abstinenz vererblich wie jedes andere Gut.

So hat denn das römische Recht sowohl den Erbschaftserwerb durch Willenserklärung wie den Erbschaftserwerb von Rechts wegen neben einander völlig konsequent und der Billigkeit wie dem praktischen Bedürfnisse entsprechend entwickelt.

Von Justinian ist die prinzipielle Grundlage des Erbschaftserwerbes nicht geändert worden. Durch das beneficium inventarii hat er Fremden wie hausgehörigen Erben die Möglichkeit eröffnet, die Erbschaft unter Vorbehalt in Besitz zu nehmen und ihre Schuldenhaftung auf den Betrag derselben zu beschränken, indem sie ein Nachlaßinventar errichten.

Die neuere Anschauung ist dem Erwerb von Rechts wegen mehr geneigt. Die Motive heben durchaus zutreffend als Vorzüge eines darauf gegründeten Systems die größere Einheit und Einfachheit des Gesetzes hervor. Die Vorschriften über den Antritt und seine Voraussetzungen, über Transmissionen, über ruhende Erbschaft werden entbehrlich, Erbschafts- und Vermächtniserwerb können parallel entwickelt werden.

Bekanntlich ist auch der Erwerb von Rechts wegen dem preußischen Landrecht zu Grunde gelegt.*) Aber die Ausführung im einzelnen verstößt gegen das oben erwähnte Prinzip, daß dem Berufenen ohne einen Willensakt von seiner Seite keine Pflichten auferlegt werden dürfen. Der Berufene wird ohne seinen Willen Erbe, und zwar nach sechs Wochen bez. 3 Monaten definitiv, da dann das Ausschlagungsrecht erlischt. Allerdings wird er Vorbehaltserbe, aber auch als solcher hat er Pflichten: er soll ein Inventar errichten und zieht, wenn er die Frist dazu versäumt, die unbeschränkte Haftung für die Erbschaftsschulden auf sich. Wer sich also nach dem Tode eines nahen Verwandten, dessen Intestaterbe er ist, neun Monate um die Erbschaft nicht kümmert, hat die gesamten Schulden zu zahlen. Die Bestimmung ist vielfach getadelt worden**) und muß notwendig zu unbilligen Konsequenzen führen. Der Laie, selbst der gebildete, wird, wenn er etwa die Anzeige von dem Tode eines verschuldeten Neffen erhält, nicht sofort daran denken, eine Entsagungsurkunde aufzusetzen, sie gerichtlich oder notariell beglaubigen zu lassen und dem Nachlaßgerichte einzureichen.***) Findige Gläubiger können ihn dann für sämtliche Schulden in Anspruch nehmen. Gerade Personen in mäßigen Vermögensverhältnissen ohne Rechtskenntnis erleiden auf diese Weise oft empfindliche Rechtsnachteile. In Halle starb ein stark

*) Eine Uebersicht über die Gesetzgebung geben die Motive zu § 2025.

**) S. z. B. Förster, Preußisches Privatrecht IV § 270 A. 69. Motive zu § 2095 des Entwurfs erster Lesung, V. S. 609.

***) Die förmlichen Entsagungen sind in Preußen sehr selten. Eck in den Beiträgen von Bekker und Fischer, Heft 17 S. 3 A. 1 giebt an, daß bei dem Stadtgericht zu Berlin auf etwa 20 000 jährliche Sterbefälle im Jahre 1874 nur 107, im Jahre 1875 nur 91 Entsagungen vorgekommen seien. Ich glaube aber nicht, daß alle andern Erbschaften wirklich angenommen worden sind, sondern, daß das ganze Institut vom Volke reprobiert wird. Gewiß war eine sehr viel größere Zahl von Erbschaften überschuldet, aber die Erben haben trotzdem aus Rechtsunkenntnis oder Bequemlichkeit die Entsagung unterlassen.

verschuldeter Privatschreiber H., seine in Greifswald wohnende Mutter kannte, wie begreiflich ist, das Preußische Landrecht nicht und erklärte sich über die Erbschaft nicht; nach Jahresfrist wurde sie von den Gläubigern ihres Sohnes belangt und in allen Instanzen verurteilt. Vorliegendenfalls war die Unbilligkeit besonders groß, weil die Frau H. im Gebiet des Gemeinen Rechts lebte und nun wegen einer Unterlassung nach den Grundsätzen eines andern Rechts haften mußte, dessen Kenntniß ihr auch nach der strengsten Auffassung nicht zugemutet werden konnte. Die Gerichte brachten einfach den Grundsatz zur Anwendung, daß der Erbschaftserwerb und seine Folgen nach dem Rechte des letzten Wohnsitzes des Erblassers zu beurteilen sind. Vollkommen logisch und konsequent, aber die Entscheidungen dieser Art sind es, welche unsere Rechtspflege beim Volke so sehr diskreditieren.

Die Redaktoren des Entwurfs haben die in den landrechtlichen Bestimmungen liegende Unbilligkeit wohl erkannt und sie dadurch zu mildern gesucht, daß sie das Recht des Vorbehaltes erst dann erlöschen lassen, wenn der Erbe das Inventar in einer ihm gerichtlich gesetzten Frist nicht errichtet. Für diesen wird also die Gefahr, durch Versäumnis die Schuldenhaftung auf sich zu ziehen, sehr verringert, da die ergehende richterliche Verfügung ihn darauf aufmerksam macht. Ganz aufgehoben wird jene Gefahr freilich nicht, insbesondere können durch Rechtsunkenntnis — man denke an den Fall, daß der Erbe einem falschen Ratgeber in die Hände fällt — immer noch Rechtsnachteile entstehen. Der Satz „jus vigilantibus scriptum est“ hat schon an sich manches Bedenkliche, und es ist gewiß nicht ratsam, ihn auf Fälle auszudehnen, in welchen nicht einmal die in dieser Beziehung sehr strenge denkenden Römer es für billig gehalten haben. Außerdem wird der Erbe gezwungen, sich Kosten zu machen, welche für eine Person in beschränkter Vermögenslage recht unbequem, unter Umständen sogar unerschwinglich sein können.*) Wenn man erwägt, wie häufig Steuerforderungen von geringem Wert zu Zwangsvollstreckungen führen, so wird man sich der Überzeugung nicht verschließen können, daß auch die Beschaffung der kleinsten Summen

*) Meines Erachtens hält Eck a. a. O. S. 4 diesen Punkt für viel zu geringfügig.

manchen Leuten Schwierigkeiten bereitet. Und selbst für den Wohlhabenden ist es unbillig, daß ihm eine Ausgabe auferlegt wird, zu der er in keiner Weise Anlaß gegeben hat.

Viel größer aber sind die Bedenken auf der anderen Seite. Der Entwurf hat einen unglücklichen Mittelweg eingeschlagen, der nach keiner Richtung hin befriedigt. Es ist bereits von Bähr, Eck*) und anderen Gelehrten gezeigt worden, welchen Gefahren die Nachlaßgläubiger ausgesetzt sind, wenn in Ermangelung einer vom Richter gesetzten Frist ein Inventar überhaupt nicht errichtet wird, und der Erbe gleichwohl die Möglichkeit behält, sich nach beliebiger Zeit auf das Vorbehaltsrecht zu berufen. Speziell die „Abzugseinrede" des Entwurfs ist einer scharfen Kritik unterworfen worden, welche hier nicht wiederholt zu werden braucht.

Ob sich die Beibehaltung des Inventarrechts empfiehlt, davon soll später die Rede sein. Soll es beibehalten werden, so weist uns schon das römische Recht einen einfachen und den Erfordernissen der Billigkeit mehr entsprechenden Weg. Der hausgehörige Sohn erwirbt schon im römischen Rechte ipso jure, wird aber dadurch zu nichts verpflichtet. Schuldenhaftung tritt erst durch Immixtion in die Erbschaft ein. Bleibt er unthätig, so verliert er zwar das Recht, die Erbschaft unter Vorbehalt an sich zu nehmen, aber nicht das beneficium abstinendi. Während er also bei seiner Berufung die dreifache Wahl hatte, sich zu abstinieren oder sich zu immiscieren und ein Inventar zu errichten oder endlich sich ohne Vorbehalt zu immiscieren, hat er jetzt nach Erlöschen des Inventarrechts noch immer die Alternative, sich entweder zu abstinieren oder die Erbschaft mit voller Schuldenhaftung zu übernehmen. Der Grundsatz, daß man nur durch eigene Handlungen verpflichtet wird, ist also voll gewahrt.

Auch eine konsequente Weiterentwickelung des Erwerbs der extranei würde zu einem ähnlichen Resultate führen. Wenn die Frist zur Errichtung des Inventars abgelaufen ist, so dauert die Berufung, sofern der Erbe sich noch nicht erklärt hat, gleichwohl fort, und dieser hat jetzt die Wahl, rein anzutreten oder abzulehnen. Im römischen Rechte war die Berufung ein rein persönliches Recht, bekanntlich finden sich aber in den Transmissionen bereits Ansätze zu

---

*) Eck a. a. O. S. 9 ff.

einer darüber hinausgehenden Entwickelung. Verfolgt man diese Entwickelung weiter und erklärt die Berufung für allgemein vererblich, so hat schon der Berufene ein gesichertes Recht auf die Erbschaft, welches von seinem Leben unabhängig ist, während die Schuldenhaftung erst an den Antritt — gleichviel, ob der Erbe oder der Erbeserbe ihn erklärt — geknüpft ist. Auf diese Weise kommt man also ebenfalls zu dem Ergebnis, daß die Erbschaft von Rechts wegen erworben wird, die Schuldenhaftung aber erst durch ausdrückliche Willenserklärung oder durch Übernahme der Verwaltung der Erbschaft eintritt.

Die Konstruktion, die übrigens nach dem vorher Ausgeführten im römischen Rechte ihr Vorbild hat, bietet keine Schwierigkeiten. Es liegt ein Fall von Generalacquisition vor: nur das Aktivvermögen geht über, aber auf diesem haften nach wie vor die Schulden. Der Acquirent haftet, ebenso wie nach römischem Rechte der Haussohn vor der Immixtion, überhaupt nicht, auch nicht einmal bis zur Höhe des Nachlasses und ist auch nicht verpflichtet, aus dem Nachlasse zu zahlen, aber der Gläubiger kann sich, wenn er die Haftung ablehnt, direkt an den Nachlaß halten.*) Erst wenn er Verwaltungshandlungen vornimmt, gehen die Schulden auf ihn über.

Das für die sui geltende römische Recht kann also unbedenklich auf die extranei ausgedehnt werden und würde der Billigkeit sehr viel mehr entsprechen als die Vorschläge des Entwurfs. Einer konsequenten Ausbildung des Erbschaftserwerbes von Rechts wegen ist bei den Römern freilich wieder der Mangel einer gerichtlichen Liquidation hinderlich gewesen. Prinzipmäßig müßte der Erwerb unauflöslich sein, die Erbeneigenschaft also trotz der Entschlagung fortdauern. Theoretisch haben die Römer auch wirklich daran festgehalten, und selbst das prätorische Recht, welchem das ganze Institut angehört, hat noch die oben erwähnten Folgerungen daraus gezogen. Aber es war unmöglich, dem sich abstinierenden Erben den Erlös der Erbschaft zuzuwenden. Zunächst mußte man suchen, einen eventuellen Erben als Liquidator und Übernehmer der Schulden zu gewinnen, und wenn es gelang, so fiel diesem auch der Erlös der Erbschaft zu. Wenn es nicht gelang, so trat das Konkursverfahren

*) Ein anderes Beispiel bietet, wie oben ausgeführt, der Erwerb des Arrogierenden.

ein. Man kam indessen dem Erben soweit als möglich entgegen, indem man ihm trotz der Entschlagungserklärung die Möglichkeit ließ, nachträglich die Erbschaft an sich zu nehmen.

Wenn Justinian das Widerrufsrecht an eine dreijährige Frist band, so ist der Grund offenbar, daß das Rechtsverhältnis in absehbarer Zeit endgültig festgestellt werden sollte. Den Charakter eines Verzichtes auf die Erbschaft erhielt die Entschlagungserklärung auch hierdurch noch nicht.*)

Bei dem ganzen Institut liegt also nicht lediglich ein Gegensatz zwischen älterem Civilrecht und neuerem prätorischen Recht vor, sondern es kreuzen sich zwei verschiedene Prinzipien, von denen keines das andere völlig zu verdrängen im stande war.

Für uns besteht kein Hindernis, auch dem Erben, welcher die Verwaltung nicht übernimmt und die Haftung für die Schulden ablehnt, trotzdem die Erbeneigenschaft zu lassen, weil diese nicht mehr notwendig Liquidation und Schuldenhaftung in sich schließt. Es kann in einem solchen Falle, wie es auch sonst vorkommt, Liquidation durch das Gericht oder durch einen Nachlaßverwalter stattfinden, wobei der etwaige Überschuß noch immer dem Erben zufallen würde.

Die Stellung des Erben wird hierdurch sehr günstig, indem ihm bei völliger Unthätigkeit kein Nachtheil droht und sogar der etwaige Erlös der Erbschaft gesichert bleibt. Er verliert lediglich das Recht, selbst die Liquidation zu übernehmen. Andererseits ist das Recht der Gläubiger, aus dem Nachlasse befriedigt zu werden, in bester Weise gesichert — jedenfalls besser als durch das römische Inventarrecht.

Die Bestellung eines Nachlaßverwalters hätte auf Antrag des Erben oder der Gläubiger zu geschehen. Es kann in Zweifel gezogen werden, ob daneben noch das beneficium inventarii wünschenswert ist, durch das dem Erben die dritte Möglichkeit eröffnet werden würde, die Verwaltung selbst, aber mit beschränkter Haftung, zu übernehmen.

*) Im einzelnen ist bekanntlich bei dem beneficium abstinendi manches streitig. Auf die Kontroversen einzugehen, wird für unsern Zweck nicht nötig sein. Der Grundgedanke des beneficium abstinendi ist im klassischen Recht meines Erachtens, daß der Erbe solange die Haftung ablehnen kann, bis er sich immisciert hat und trotzdem noch immer nachträglich die Erbschaft an sich nehmen darf. Freilich wird die Folge der Abstinenz meistens Verkauf der Erbschaft sein, wodurch das Erbrecht gegenstandslos wird.

Die Rechtstellung des Erben vor der Immixtion kann dem für die sui geltenden römischen Recht nachgebildet werden. Das Erbrecht ist vererblich und verliert durch die Vererbung seinen Charakter nicht, so daß der Erbeserbe genau dieselben Befugnisse hat wie der Erbe. Veräußerlich im ganzen ist es nicht, ebenso wenig wie im römischen Rechte ein durch Generalacquisition erworbenes Vermögen,*) wohl aber ist Verkauf der Erbschaft in demselben Sinne wie bei den Römern möglich, also mit der Wirkung, daß der Erbe sich verpflichtet, alle aus dem Erbrecht fließenden Rechte abzutreten. Vor der Immixtion würde der Erbe nur das Recht auf den erhofften Erlös abtreten können; beabsichtigte er etwa, die einzelnen zu der Erbschaft gehörigen Rechte zu übertragen, so könnte das nur in den dafür gebotenen Formen, also für Eigentum durch Besitzübergabe geschehen und dies würde eine Immixtion sein, welche den Erben für die Schulden haftbar machte. In einer Veräußerung nach der Immixtion läge die Verpflichtung zur Übertragung der ererbten Rechte gegen Übernahme der Erbschaftsschulden. Den Erbschaftsgläubigern gegenüber würde natürlich der Erbe ebenso wenig frei werden wie nach römischem Rechte.

Besondere Regeln über die Ausschlagung sind nicht nötig. Es ist anzunehmen, daß Ausschlagungen überaus selten sein werden, da der Erbe bei völliger Unthätigkeit keinerlei Nachteil zu fürchten hat, und da außerdem die Möglichkeit besteht, das Recht auf den Ertrag der Erbschaft verkaufs- wie schenkungsweise abzutreten. Das Recht hat seinerseits keine Veranlassung, auf Entscheidung des Erben über Antritt oder Ausschlagung hinzuwirken, da man einen Liquidator auch auf andere Weise erhalten kann. Eine etwa doch vorkommende Ausschlagung würde als Verzicht zu behandeln sein und bewirken, daß der Erlös der Erbschaft als herrenlos an den Fiskus fällt. Groß werden freilich die Einkünfte des Fiskus aus diesen Gefällen nicht sein. Eine successive Berufung wird hierdurch unmöglich, ein Bedürfniß dazu besteht aber bei uns aus den ausgeführten Gründen nicht mehr.

Eine recht bedenkliche Seite des Prinzips der Universalsuccession trat im römischen Recht bei der geteilten Erbschaft hervor. Der von

*) Auch der suus kann bekanntlich das Erbrecht selbst nicht etwa durch in jure cessio übertragen.

Alters her gesetzlich feststehende Rechtsatz, daß Forderungen und Schulden nach Verhältnis der Erbteile auf die Erben übergingen, bereitete in vielen Fällen Schwierigkeiten und war in anderen überhaupt nicht ausführbar. Unteilbare und alternative Obligationen mußten deshalb gegen die Regel doch der Erbteilungsklage überwiesen werden. Unbequemlichkeiten und Unbilligkeiten ertrug man, obgleich sie durchaus nicht selten eintraten. Bei Obligationen auf eine individuell bestimmte Sache hatte der Gläubiger jeden der Miterben auf einen entsprechenden ideellen Teil der Sache zu belangen, was bei einer größeren Anzahl von Erben zu einem umständlichen Verfahren werden konnte. Wer vom Erblasser einen Sklaven zu fordern gehabt hatte, mußte, wenn sieben Erben vorhanden waren, von jedem derselben ein „ideelles" Siebentel an dem Eigentum des Sklaven einklagen. Falls dann etwa einer der Verklagten es, statt zu leisten, zur Verurteilung auf Geld kommen ließ, eröffnete sich dem Gläubiger, der von den anderen Erben eine Anzahl ideeller Teile erhalten hatte, die Aussicht, sich mit dem Inhaber der anderen Teile mit einer besonderen Teilungsklage auseinandersetzen zu müssen. Selbst bei gewöhnlichen gewissen Obligationen konnte es recht lästig werden, wenn man eine größere Schuldsumme in einer Menge kleiner unabgerundeter Posten einfordern mußte. Man bedenke, daß Erbeinsetzungen auf $^1/_6$ einer Unze, also auf $^1/_{72}$, vorkamen: eine Forderung von 1000 nahm sich dann nach dem Erbgange seltsam genug aus. Sicherlich haben die Römer diese Mißstände empfunden,*) da sie sonst die Befugniß des Gläubigers, Teilzahlungen abzulehnen, mit Entschiedenheit betonen, angesichts der gesetzlichen Bestimmung konnten sie ihnen indessen nicht ausweichen.

Das Bedürfnis des Lebens geht auch hier dahin, daß der Nachlaß noch nach dem Tode des Erblassers eine juristische Einheit bleibt, gegen welche die Schulden nach wie vor einheitlich geltend gemacht werden können. Ist ein Nachlaßverwalter bestellt, so richten sich die Klagen natürlich ausschließlich gegen diesen. Falls die Erben selbst die Nachlaßregulierung übernehmen, dürfte eine Annäherung an die landrechtlichen Bestimmungen zweckmäßig sein, nach welchen die Erben vor der Teilung insgesamt, nach der Teilung solidarisch haften.

*) S. darüber namentlich Eck a. a. O. S. 40 f.

9. Das Inventarrecht.

Für ein modernes Erbrecht sind zwei Formen der Erbschaftsregulierung unentbehrlich: Übernahme des Nachlasses durch den Erben mit voller Schuldenhaftung und andererseits Liquidation unter amtlicher Autorität in irgend einer Form. Vor der Frage nach der Gestaltung dieser beiden ist aber noch die andere Frage zu erledigen, ob sie dem Bedürfnisse des Lebens genügen, oder ob daneben noch eine dritte Form notwendig oder wenigstens wünschenswert ist, welche das Justinianische Recht zu entwickeln versucht hat: Regulierung durch den Erben mit beschränkter Schuldenhaftung.

Die Mängel des römischen Inventarrechts sind oft hervorgehoben worden, und dennoch ist es mit größeren oder geringeren Umgestaltungen in fast alle neueren Gesetzgebungen übergegangen. An sich beruht es auf dem richtigen Gedanken, der auch in unserem Rechtsbewußtsein einen festen Boden findet, daß den Erbschaftsgläubigern nur der Nachlaß haften soll.*) Sie haben keinen Anspruch darauf, daß ihnen durch den Erbgang eine andere Person, welche die Erbschaft im Irrtum über ihre Zulänglichkeit übernimmt, mit ihrem ganzen Vermögen verhaftet wird.

Das Bedenkliche liegt in der technischen Durchführung, und zwar insbesondere nach zwei Richtungen hin. Der Erbe liquidiert selbst, und er ist bei Befriedigung der Gläubiger und Vermächtnisnehmer durchaus frei, ohne an eine Reihenfolge gebunden oder zu verhältnismäßiger Verteilung der disponiblen Mittel verpflichtet zu sein. Beides findet in den Verhältnissen der damaligen Zeit seine Erklärung.

Seit den zwölf Tafeln war der Erbe als der allein denkbare Liquidator angesehen worden, und die Juristen Justinians standen noch völlig in dem Banne dieser alt überkommenen Anschauung. Selbst wenn sie damit hätten brechen wollen, so hätte sich ihnen kaum ein gangbarer Weg geboten. Eine gerichtliche Liquidation wäre zu jener Zeit nicht unmöglich gewesen, aber sie hätte sich der Volksansicht als ein Konkursverfahren dargestellt und hätte demnach das An-

*) Die meisten neueren Schriftsteller scheinen in diesem Punkt einig zu sein. Auch Bähr, Gegenentwurf S. 419, bekennt sich ausdrücklich zu dieser Ansicht.

denken des Verstorbenen mit Schmach beladen. Pietätvolle Erben würden davon niemals Gebrauch gemacht, sondern viel lieber nach alter Art eine Überlegungsfrist erbeten haben, weil sie dann, wenn der Nachlaß sich als zulänglich erwies, die Erbschaft selbst antreten und dadurch das gerichtliche Verfahren vermeiden konnten. Dem Testator hätte sich die Aussicht eröffnet, daß sogar die Erklärung eines einzigen weniger pietätvollen, vielleicht übervorsichtigen Erben das Konkursverfahren veranlassen konnte. Die Durchführung des Testaments wäre also erheblich schlechter garantiert gewesen, als nach altem Recht. Früher hätte ein solcher übervorsichtiger Erbe ausschlagen müssen, und durch die successive Delation blieb dann noch immer die Möglichkeit, daß ein anderer Erbe gefunden wurde, der den Nachlaß in normaler Weise übernahm. So viel wir urteilen können, wäre eine auf gerichtliche Liquidation abzielende Maßregel im höchsten Grade unpopulär gewesen, während Justinian offenbar die Absicht hatte, ein eminent populäres Gesetz zu schaffen.

Die Erbschaftsgläubiger gerieten freilich durch das Wohlwollen des Gesetzgebers gegen Erblasser und Erben in eine üble Lage. Die Sicherheit, welche ihnen dafür geboten wurde, daß der Nachlaß wirklich für ihre Befriedigung zur Verwendung kam, ist keineswegs ausreichend. Eine Person, der sie nicht kreditiert haben, und nach deren Vertrauenswürdigkeit überhaupt nicht gefragt wird, tritt als Liquidator ohne eigenes Risiko und unter ziemlich geringer Kontrole auf. Verfehlt ist es, sich zur Rechtfertigung auf den Satz „quisquis praesumitur bonus“ zu berufen. Man braucht zur Widerlegung dessen nicht einmal darauf das entscheidende Gewicht zu legen, daß auch ein nachweisbar unredlicher Erbe dieselbe Stellung hat, denn es verstößt überhaupt gegen die Billigkeit, daß man von Rechts wegen gezwungen wird, einem durch den Zufall bestimmten Menschen ohne jegliche Prüfung Vertrauen zu schenken. Derjenige, welcher die Liquidation eines Vermögens ohne eigene Haftung übernimmt, führt die Verwaltung in erster Linie im Interesse der Gläubiger, also im fremden Interesse, und dazu muß man positive Vertrauenswürdigkeit verlangen. Dieselben Gründe, welche dahin führen, dem Gemeinschuldner im Konkursverfahren die Verwaltung seines Vermögens abzunehmen, sprechen gegen bedingungslose Zulassung des Erben in verstärktem Maße. Denn dem Gemeinschuldner haben die

Gläubiger wenigstens persönlich kreditiert und ihn damit in gewisser Weise als vertrauenswürdig erachtet. Er hat außerdem, da er für den Ausfall verhaftet bleibt, ein eigenes Interesse daran, daß die Gläubiger soweit als möglich befriedigt werden. Andererseits sind Hinterziehungen, Bevorteilungen einzelner Gläubiger von dem Erben ebenso gut zu fürchten wie von ihm.

Hierzu kommt, daß dem Erben irgend welche Ordnung für die Befriedigung der Gläubiger und Vermächtnisnehmer nicht vorgeschrieben ist, daß er Vermächtnisnehmer vor den Gläubigern befriedigen darf, daß er sogar Sachen, die mit Pfandrechten belastet sind, unter Zerstörung des Pfandrechtes verkaufen kann, um gewöhnliche Gläubiger zu befriedigen. Der benachteiligte Gläubiger hat gegenüber dem Vermächtnisnehmer, der benachteiligte Pfandgläubiger gegenüber dem gewöhnlichen Gläubiger lediglich ein Rückforderungsrecht. Gewöhnliche Gläubiger haben gegen einander nicht einmal dieses. Es steht also in der Hand des Erben, den einen vor dem anderen zu begünstigen. Der Gläubiger hat, selbst wenn der Erbe ehrlich ist, keine Sicherheit für verhältnismäßige Befriedigung, und sogar die besten Pfandrechte schützen nicht, wenn der zu Unrecht Vorgezogene zahlungsunfähig oder nicht mehr erreichbar ist.

Der Grund für diese exorbitanten Bestimmungen liegt in dem Fehlen eines Aufgebotverfahrens und in der Unsicherheit der römischen Hypothekenverhältnisse. An sich wäre ja eine öffentliche Aufforderung der Gläubiger, sich zu melden, nicht unmöglich gewesen. Aber sicherlich würde auch dies nach der damaligen Anschauung den Namen des Verstorbenen infamiert haben, und die Justinianischen Juristen hätten, wenn sie wirklich daran gedacht haben, aus dieser Erwägung davon absehen müssen. Sollte daher der Erbe vor jeder Gefahr eines Verlustes geschützt werden, so konnte man ihn nicht für eine Regulierung unter Berücksichtigung aller Vorrechte verantwortlich machen, und seine „paschamäßige Stellung“, wie sie genannt worden ist, ergab sich als notwendige Konsequenz des gesetzgeberischen Gedankens. Daß die einseitige Durchführung desselben zu großen Unbilligkeiten auf der andern Seite führte, scheint kaum beachtet worden zu sein.

Es ist bekanntlich bestritten, ob nach Justinianischem Rechte der Erbe mit den Erbschaftssachen oder persönlich bis zur Höhe des

Wertes der Erbschaft haftet. Ich halte das Erstere für richtig. Der Gesetzgeber stellt sich in der l. 22 C. de jure del. eine vollständige, freilich ziemlich regellose Liquidation der Erbschaft vor. Er nimmt überall an, daß die Gläubiger aus Erbschaftsmitteln befriedigt werden. Lediglich die Worte „ut in tantum hereditariis creditoribus teneantur, in quantum res substantiae ad eos devolutae valeant“ ließen sich für die andere Ansicht verwerten. Aber „valere“ bedeutet ebensowohl „zureichen“ wie „gelten“ und jener Satz heißt: „soweit die Erbschaftssachen reichen“.*) Daher bestimmt der Gesetzgeber weiter, daß die später kommenden Gläubiger abgewiesen werden sollen, wenn nichts mehr übrig ist (si nihil reliquum est), und betont mit Nachdruck, daß die Erben überhaupt nichts von ihrem eigenen Vermögen verlieren sollen (et nihil ex sua substantia penitus heredes amittant).**) Auch der Verkauf der Erbschaftssachen wird von diesem Gesichtspunkte aus ausdrücklich erlaubt und für gültig erklärt. Daß es auch billiger ist, den Erben mit dem wirklichen Erlöse der Erbschaftssachen haften zu lassen, und nicht mit einem irgendwie zu ermittelnden Werte, mag derselbe nun höher oder niedriger sein als der wirkliche Erlös, wird einer besonderen Ausführung nicht bedürfen. Es kommt aber hinzu, daß der Hauptzweck des Gesetzes, den Erben vor jeder Gefahr zu sichern („ne dum lucrum facere sperant, in damnum incidant“), nur dadurch erreicht werden kann, daß die Haftung auf die thatsächlichen Erbschaftsmittel beschränkt wird. Denn bei Beschränkung auf den Wert der Erbschaft wird der Erbe doch persönlich und mit seinem eigenen Vermögen verpflichtet, und dieser scheinbar nur konstruktionelle Unterschied macht sich empfindlich fühlbar, wenn etwa der Beauftragte des Erben Sachen oder Gelder unterschlägt, ein Dritter Sachen entwendet, wenn Sachen untergehen oder verschlechtert werden, und in allen derartigen Fällen. Hier würde der Erbe ganz gegen den Sinn des Gesetzes persönlich in Anspruch genommen werden, und vom Standpunkte der Billigkeit würde es kein Ausgleich sein, daß er umgekehrt bei Wertsteigerungen auf Kosten der Gläubiger einen Gewinn macht.

---

*) Dieselbe Bedeutung hat „valere“ in l. 61 pr. D. 23,3 und sonst. S. Heumann, Handlexikon.

**) De lege ferenda für diese Gestalt des Inventarrechts Eck, a. a. O. S. 27 ff.

Justinians Grundgedanke ist derselbe, der auch der modernen Anschauung am natürlichsten erscheint und daher thatsächlich im Leben, jener romanistischen Theorie zum Trotz, durchgeführt ist: Die Erbschaft ist ein selbständiges Vermögen, dessen Subjekt freilich der Erbe ist, vom römischen Standpunkt dem peculium, von unserm etwa auch dem Handelsgesellschaftsvermögen zu vergleichen; aus diesem Vermögen können Sachen durch Veräußerung ausgeschieden werden, und der Erlös davon fließt andererseits hinein. Will man das Prinzip für das Justinianische Recht bezweifeln, so muß man es doch für die heutige Praxis anerkennen. Schulden können nur gegen das Erbschaftsvermögen geltend gemacht werden, und es ist ganz gleich, ob wir sagen:

Der Erbe haftet für die Schulden mit dem Nachlaß,

oder:

Den Gläubigern haftet nur der Nachlaß.

Sicher ist jedenfalls, daß der Inventarerbe genau in derselben Weise haftet, wie ein Testamentsvollstrecker, von dem man nicht zu sagen pflegt, daß er selbst den Erbschaftsgläubigern verpflichtet sei.

Der Entwurf erster Lesung hat die von Justinian gebotenen Garantien nach einer Richtung hin noch vermindert, indem er die Frist für die Errichtung des Inventars nicht von der Kenntnis der Berufung, sondern erst durch eine auf Antrag der Gläubiger zu erlassende richterliche Verfügung beginnen läßt. Ergeht solche Verfügung nicht, so hat der Erbe alle Rechte des beneficium inventarii, ohne ein Inventar errichtet zu haben. Er kann freilich noch nachträglich dazu angehalten werden. Da er aber in der vielleicht über Jahresfrist dauernden Zwischenzeit durch nichts gehindert war, Erbschaftssachen zu verbrauchen, zu verkaufen, zu verschenken, so wird ein solches nachträgliches Inventar nur geringen Wert haben, versehentliche Auslassungen werden für den Erben nicht zu vermeiden, absichtliche von den versehentlichen für den Richter nicht zu unterscheiden sein, und jedenfalls ist eine zuverlässige Kontrole der Vollständigkeit überhaupt unmöglich.

In Bezug auf die Verteilung sind die rohen Justinianischen Vorschriften aufgegeben, es wird verhältnismäßige Befriedigung der Gläubiger verlangt, und ein Aufgebot der Gläubiger ist wenigstens fakultativ. Prinzipiell haftet der Erbe persönlich bis zur Höhe des

Wertes der Erbschaft, und er erreicht eine entsprechende Abminderung der Schulden, indem er mit einer „Abzugseinrede" jedem Gläubiger den Betrag abzieht, mit welchem er im Nachlaßkonkurse ausfallen würde. Maßgebend ist der Wert in demjenigen Zeitpunkt, in dem die Einrede gerichtlich geltend gemacht wird. Die Durchführung der „Abzugseinrede", insbesondere die Schätzung, welche bei jedem Prozesse von neuem, und zwar unter Umständen ohne ein vorliegendes Inventar, vorgenommen werden muß, begegnet indessen außerordentlichen Schwierigkeiten.*) Im einzelnen darauf einzugehen, ist nicht notwendig, da die Bedenken bereits mehrfach, insbesondere von Bähr und Eck,**) so überzeugend ausgeführt sind, daß ein Zurückkommen des künftigen Entwurfs auf diese Vorschläge kaum zu erwarten ist.

Gegenüber dem Entwurf erster Lesung haben Eck und Bähr zwei Vorschläge gemacht, welche um so instruktiver sind, als sie in konsequenter Durchführung eines einheitlichen Grundgedankens zwei ganz verschiedene Lösungen geben.

Das gesetzgeberische Problem kann für beide dahin fixiert werden, daß den Erbschaftsgläubigern zunächst nur der Nachlaß haftet, daß ihnen aber Sicherheit für die Verwendung des Nachlasses zu ihrer Befriedigung geboten werden muß.***) Daraus folgt für beide:

1. Der Erwerb der Erbschaft verpflichtet an sich den Erben nicht persönlich für die Erbschaftsschulden.
2. Es sind Kontrolmaßregeln im Interesse der Gläubiger notwendig.
3. Persönliche Haftung des Erben darf von Rechts wegen nur dann eintreten, wenn er jenen Kontrolmaßregeln nicht genügt.

Die Differenz zwischen ihnen liegt in der Frage, ob eine Liquidation durch den Erben den Gläubigern die erforderlichen Garantien bieten kann. Eck bejaht sie und kommt dem entsprechend zu einer

---

*) Bähr sagt in der Krit. V. J. Schr. XXX. S. 565: Wie nun die ganze Sache mit dieser „Abzugseinrede" sich gestalten soll, das ist so unklar gehalten, daß ich verzichte, darauf näher einzugehen. Es wird meiner Ansicht nach ein durchaus neues Verfahren geben.

**) Bähr in der Krit. V. J. Schr. XXX. S. 562 ff. Eck a. a. O. S. 11 ff.

***) Bähr in seinem Gegenentwurf S. 419 f. erklärt ausdrücklich seine Übereinstimmung mit Gierke und Eck in diesem Punkte.

zeitgemäßen Entwickelung des römischen Inventarrechts. Gegen gerichtliche Liquidation führt er namentlich an, daß die Amtsgerichte, selbst die Notare, dazu wenig geeignet seien, und daß es an tauglichen Behörden fast überall mangele; freilich seien Unterschlagungen möglich, aber dagegen könne das Gesetz überhaupt keinen absoluten Schutz gewähren.*)

Der Verlauf würde nach Eck folgender sein. Für den Erben beginnt von der Kenntnis des Erbfalls eine gesetzliche Frist von sechs Wochen,**) in welcher das Inventar aufzunehmen und bei Gericht einzureichen ist. Dem Erben ist überlassen, ob er selbst oder durch einen Beamten inventarisieren oder einen Antrag auf Errichtung eines gerichtlichen Inventars stellen will; bei Sachen, welche einen festen Börsen- oder Marktpreis haben, ist ein gerichtlich vereidigter Taxator zuzuziehen. Jedem Interessenten steht das Recht auf Einsicht und auf einen Offenbarungseid des Erben zu. Bei Unzulänglichkeit des Nachlasses erfolgt Verteilung nach der gesetzlichen Ordnung. Der Erbe hat die Wahl zwischen Konkurs und außergerichtlicher konkursmäßiger Befriedigung der Gläubiger. Gegen die unbedingte Notwendigkeit des Konkurses wird der Gesichtspunkt der Kostenersparnis, der mögliche Wunsch des Erben, die Ehre des Erblassers zu schonen, seine etwaige Hoffnung auf Wertsteigerung der Nachlaßgegenstände oder Befürchtung einer Veräußerung unter dem Werte angeführt. Wenn das Inventar den Nachlaß als zulänglich erscheinen läßt, und seine Unzulänglichkeit erst später hervortritt, so kann der Erbe die von ihm bezahlten Schulden voll anrechnen; die noch nicht befriedigten Gläubiger müssen einen größeren Ausfall tragen, und sie können sich auch nicht an die voll befriedigten halten, weil diese nur das ihnen Gebührende erhalten haben.

Dem gegenüber weist Bähr darauf hin, wie gering die Garantie ist, welche ein von dem Erben selbst verfertigtes Inventar den Gläubigern gewährt, und wie leicht heutzutage oft Unterschlagungen sind, da ein großer Teil vieler Vermögen in Inhaberpapieren besteht, die durch einen einzigen Zugriff entwendet werden können. Es „muß für den Erben, der sich das Inventarrecht erwirken will, die Regel

*) Eck a. a. O. S. 22 f.

**) Da der Erwerb ipso jure erfolgt, so zieht Unthätigkeit des Erben seine Haftung für die Schulden nach sich.

gelten: Hand ab vom Nachlaß! Durch das Verlangen des Inventarrechts erklärt der Erbe, daß es mindestens zweifelhaft sei, ob ihm irgend etwas vom Nachlasse zukomme. Damit hört er auf, berechtigter Verwalter des Nachlasses zu sein. Der Nachlaß ist vorläufig wenigstens für ihn ein fremdes Gut; ein Gut, von dem man nicht weiß, wem es zukommen wird. Daraus ergiebt sich für den Staat die Pflicht, das Gut unter seine Obhut zu nehmen".*)

Bähr schlägt deshalb folgendes Verfahren vor. Der Erbe, welcher das Inventarrecht in Anspruch nehmen will, hat sich innerhalb sechs Wochen nach der Kenntnis von der Berufung dem Nachlaßgerichte zu erklären.**) Das Inventar wird von einem Beamten aufgenommen, und das Nachlaßgericht erläßt ein Aufgebot sämtlicher Nachlaßgläubiger. In dem Aufgebotstermin, welcher auf drei Wochen bis sechs Monate hinauszusetzen ist, hat der Erbe zu erklären, ob er die angemeldeten Forderungen übernehmen will. Thut er das, so kann er Ausschluß der nicht angemeldeten Gläubiger mit der Wirkung beantragen, daß diese ihre Befriedigung nur aus dem Reste des Nachlasses fordern können. Thut er es nicht, so tritt Konkursverfahren ein, bei welchem ein etwaiger Überschuß ihm zufällt. Von mehreren Miterben kann jeder einzelne das Aufgebotsverfahren und später das Konkursverfahren veranlassen, er hat aber, wenn sich nicht eine Überschuldung herausstellt, die Kosten zu tragen. Der Erbe kann übrigens zum Nachlaßpfleger und später zum Konkursverwalter ernannt werden.

Hiermit wird rein der Grundsatz durchgeführt, daß der Erbe, welcher die unbeschränkte Haftung für die Schulden ablehnt, keinen Anspruch auf die Liquidation hat. Gleichwohl ist die Möglichkeit gewahrt, ihm, wenn die Umstände es wünschenswert machen, und seine Person geeignet erscheint, auch bei Ablehnung der Haftung in der Eigenschaft eines Nachlaßpflegers die Verwaltung zu übertragen. In der thatsächlichen Gestaltung hat das Verfahren bei aller konstruktionellen Verschiedenheit eine gewisse Ähnlichkeit mit dem früheren römischen Recht. Das Stadium des Inventarisierens und des Auf-

*) Bähr, Gegenentwurf S. 421.

**) Nach Bähr wird die Erbschaft durch Antritt erworben, die Unbilligkeit, daß der Erbe ohne seine Thätigkeit für die Schulden verhaftet wird, ist also vermieden.

gebotsverfahrens hat dieselbe Funktion wie das spatium deliberandi und genügt derselben erheblich besser, weil es zugleich mit größerer Sicherung der Gläubiger eine Klärung der Verhältnisse herbeiführt und dem Erben eine Unterlage für seine Entscheidung schafft. Übernimmt der Erbe die Haftung, so führt er die Liquidation auf eigene Gefahr; nur insofern ist er gesichert, als er für nachträglich angemeldete Forderungen nicht über den Betrag der Erbschaft hinaus herangezogen werden kann. Lehnt er die Haftung ab, so bleibt er freilich Erbe, aber es tritt der Nachlaßkonkurs ein.

Es ist also energisch für die Sicherheit der Gläubiger gesorgt, ohne den Erben in unbilliger Weise zu benachteiligen. Denn das Interesse des mit Vorbehalt antretenden Erben, der ohne Risiko einen Gewinn machen will, muß unbedingt dem Interesse der Gläubiger, welche nur das ihnen Gebührende verlangen, nachgestellt werden. Auch die Pietät gegen den Verstorbenen kann nur insoweit maßgebend sein, als es mit dem berechtigten Interesse der Gläubiger vereinbar ist, und sie darf in keinem Falle weiter gehen, als die Rücksicht auf den Lebenden gegangen wäre.

So sehr es nun für eine gerechte Lösung des gesetzgeberischen Problems zu wünschen wäre, daß Bähr*) mit seinen Grundsätzen durchdringt, so ist doch in der Durchführung derselben ein Punkt, welcher eine Opposition fürchten läßt, die wahrscheinlich den Vorschlag in seiner Gesamtheit in Frage stellen wird: die Leichtigkeit, mit der ein Konkursverfahren eintreten kann.

Auch nach der Inventarerrichtung und dem Aufgebot der Gläubiger ist der Erbe keineswegs immer in der Lage, sich über die Gefahr, die er übernimmt, ein sicheres Urteil zu bilden. Bähr selbst zeigt die Schwierigkeit, die Zulänglichkeit einer Erbschaft festzustellen, an schlagenden Beispielen: ein Haus mag von einem Sachverständigen zu 80000, von dem anderen zu 120000, von dem dritten zu 150000 Mark geschätzt werden — dazu würde dann noch meistens die Frage kommen, ob der Wert bei einem sofortigen Verkaufe realisiert werden kann —; Landgüter in fremden Ländern, Fabriken von schwachem Betriebe, amerikanische Eisenbahnaktien,**) Gemälde-

*) Bähr, Gesetzentwurf S. 423, 425.

**) Das gilt auch noch für manche anderen Aktien.

sammlungen, große Bibliotheken sind oft gar nicht zu taxieren. Wenn dann die Schulden beträchtlich sind, so findet sich schon der gegenwärtige und sachkundige Erbe vor ein Wagnis gestellt, der den Verhältnissen fernstehende Erbe kann nicht einmal die Größe des Wagnisses beurteilen und hat die Wahl zwischen blindem Zugreifen oder Eröffnung des Konkurses.

In solchen Fällen kann es sogar geschehen, daß Erbschaften zum Konkurs kommen, welche ein Sachkundiger für völlig zulänglich erklären würde, weil der Erbe, dem zuverlässiger sachverständiger Beirat fehlt, die Gefahr nicht übernehmen mag. Wenn ein vermögensloser, aber auskömmlich besoldeter Beamter in Sachsen einen hoch verschuldeten Rittergutsbesitzer in Posen, wenn ein süddeutscher Bauer einen Hamburger Großkaufmann, welcher in gewagten überseeischen Spekulationen engagiert war, beerbt, so brauchen sie keineswegs übervorsichtig zu sein, um trotz eines sehr wahrscheinlichen Überwiegens der Aktiva über die Passiva zu dem Entschluß zu gelangen, dem Konkursverfahren seinen Lauf zu lassen. Die Übernahme der Schulden bringt sie in Verwickelungen, die ihre ganze Existenz gefährden können, während der Konkurs ihnen Mühe und Gefahr erspart und ihnen dennoch die Aussicht auf einen etwaigen Überschuß läßt.

Andere Gründe können den Erben in demselben Sinne beeinflussen. Wenn ein Testamentsvollstrecker ernannt ist, so kann er die Erklärung über die unbeschränkte Übernahme der angemeldeten Schulden nur in Übereinstimmung mit dem Erben abgeben,*) dieser würde dadurch, wenn ich den Sinn richtig auffasse, persönlich verhaftet werden.**) Allerdings werden ja Testamentsvollstrecker mit besonderer Rücksicht auf ihre Zuverlässigkeit gewählt, aber ein Irrtum in dieser Beziehung ist immerhin nicht unbedingt ausgeschlossen, und der Testamentsvollstrecker ist zudem Vertrauensmann des Erblassers, nicht des Erben. Für diesen ist es eine starke Zumutung, die unbeschränkte Haftung für eine Liquidation zu übernehmen, auf die er nur geringen Einfluß hat, da selbst ein durchaus zulängliches Ver-

*) Bähr, Gegenentwurf § 1700 Abs.

**) Von meinem Standpunkt verstößt es nicht gegen die Billigkeit, wenn die persönliche Haftung des Erben ganz fortfällt, und die Gläubiger bei jedem Schaden, welcher das Vermögen unzulänglich macht, den Ausfall tragen. Ihre Gefahr ist dieselbe, wie Lebzeiten des Erblassers.

mögen durch Versehen oder Veruntreuungen des Verwalters unzulänglich werden kann. Auch hier möchte der Erbe, da er doch nicht selbst liquidieren darf, bisweilen das gefahrlose Konkursverfahren vorziehen.

Wenn ferner die Erbschaft mit Vermächtnissen überlastet ist, so fehlt für den Erben ein hinreichendes Interesse zur Uebernahme der Gefahr, und doch dürfte es kaum im Sinne des Testators sein, daß die Zuwendungen, welche er gemacht hat, die Veranlassung zu dem Konkurse über seinen Nachlaß geben. Bähr giebt freilich dem Erben analog der quarta Falcidia einen Anspruch auf 10 Prozent von dem Werte des Nettovermögens. Auch hierin wird aber bei zu großer Belastung nur ein geringer Antrieb für den Erben liegen. Übernimmt er die Schulden, so erhält er als Äquivalent für sein Risiko nur den Anspruch auf $^1/_{10}$ des etwaigen Überschusses; läßt er es dagegen zum Konkurse kommen, so vermeidet er jede Gefahr und trägt von der Vermögensminderung, welche in Folge dessen eintritt, $^1/_{10}$, während $^9/_{10}$ den Vermächtnissen gekürzt werden.*)

Eigentümlich gestaltet sich das Verhältnis bei mehreren Miterben. Es ist klar, daß hier jeder das Inventarrecht in Anspruch nehmen kann, und eben so klar, daß Aufgebot und Konkurs eintreten muß, wenn auch nur einer die Übernahme der angemeldeten Schulden verweigert.**) Ein einziger Teilerbe kann also den Konkurs über den ganzen Nachlaß herbeiführen. Ein wirksames Gegengewicht wird von Bähr dadurch geschaffen, daß der Erbe, welcher den Konkurs herbeiführt, die Kosten des Verfahrens zu tragen hat, wenn sich nicht eine Überschuldung des Nachlasses herausstellt. Aber dadurch wird mit dem Prinzip gebrochen, daß der Erbe durch das Inventarrecht in den Stand gesetzt werden soll, jede Gefahr zu vermeiden, und es ist sehr

*) Die Bestimmung, daß dem Erben $^1/_{10}$ des Nettovermögens verbleibt (§ 1900 des Gegenentwurfs), findet sich unter den Bestimmungen über den Konkurs, sie ist aber auch anwendbar, wenn der Erbe die Erklärung des § 1890 abgiebt. Wollte man sie auf diesen Fall nicht anwenden, so wäre damit ein weiteres Motiv für den Erben gegeben, den Konkurs eintreten zu lassen, weil er sich nur auf diesem Wege den Anspruch auf $^1/_{10}$ erhalten könnte.

**) Nicht so nach römischem Recht. Meines Erachtens würde hier der Teilerbe mit dem haften, was er bei der Teilung erhält.

fraglich, ob man auf diesen Vorzug des römischen Rechtes wird verzichten wollen. Der Erbe muß nach Bähr ausschlagen oder wagen. Namentlich Vormünder können dadurch in eine überaus peinliche Lage kommen. Nehmen wir den Fall einer Erbschaft, welche aus einem hoch verschuldeten Güterkomplex oder Großhandelsgeschäfte besteht, und an welcher ein minderjähriger Sohn zu 1/6 beteiligt ist. Bei günstigem Verlaufe kann sich ein großer Überschuß, bei ungünstigem ein beträchtliches Manko ergeben. Was soll nun der Vormund thun? Er hat drei Möglichkeiten. Lehnt er ab, so bringt er seinen Mündel um sein väterliches Erbteil. Tritt er an und übernimmt dann später die angemeldeten Schulden, so bürdet er seinem Mündel möglicherweise eine unerschwingliche Schuldenlast auf. Tritt er an und verweigert die Übernahme der Schulden, so kann die Folge sein, daß im Konkursverfahren die Schulden noch gerade gedeckt werden: dann soll der Mündel die Kosten des gesamten Verfahrens tragen.

Es zeigte sich, daß unter dem von Bähr empfohlenen Rechte ein Konkursverfahren selbst in solchen Fällen eintreten könnte, wo eine Überschuldung wenig wahrscheinlich ist. Hier geht die Fürsorge für die Gläubiger über das Ziel hinaus und wird ihnen selbst gefährlich. Da ein Konkurs sehr häufig eine Entwertung des Vermögens zur Folge hat, so können sie leicht einen Ausfall erleiden, der sonst nicht eingetreten wäre. Aber selbst wo die Unzulänglichkeit des Nachlasses wahrscheinlich oder sicher ist, können sie ein dringliches Interesse an der Vermeidung des Konkurses haben. Auf die Entwertung von Gütern, Handelsgeschäften, Gewerbebetrieben durch den Konkurs braucht wohl kaum hingewiesen zu werden. Alle Erbschaften verschuldeter Männer mit mäßigem Aktivvermögen werden durch zu scharfe Bestimmungen über die Konkurseröffnung in Mitleidenschaft gezogen. Ein Bauunternehmer hinterläßt drei Häuser, welche etwa zu 2/3 des Wertes belastet, übrigens wohl erhalten und gut vermietet sind, und beträchtliche Schulden. Auf eigenes Risiko wird ein Erbe den Nachlaß nicht leicht übernehmen, und am wenigsten dann, wenn er den Verhältnissen fern steht. Ein Konkurs aber liegt in niemandes Interesse, die Gläubiger würden dabei voraussichtlich zum großen Teile oder ganz ausfallen. Sie werden daher gern warten, wenn sie Aussicht haben, allmählich durch den Überschuß der

Mieten über die Hypothekenzinsen, und möglicherweise durch vorteilhaften Verkauf auch noch schneller befriedigt zu werden. In jedem Falle bekommen sie auf diese Weise mehr als sie im Konkurse hoffen dürfen. Man wird nicht sagen können, daß derartige Verhältnisse gerade besonders selten sind, so daß sie vom Gesetzgeber nicht berücksichtigt zu werden verdienen. Die Vermögen, welche bei vorsichtiger Liquidation noch einen Überschuß, bei plötzlicher Versilberung der Aktiva ein Zusammenbrechen in Aussicht stellen, sind im Gegenteil ziemlich häufig, und die Gläubiger pflegen sich auch nicht über die Gefahr zu täuschen, welche ein zu scharfes Zufassen ihnen bringt. In manchen Fällen würden sie sicherlich sogar eine Liquidation durch den Inventarerben nach den übermilden Regeln des Kommissionsentwurfs dem obligatorischen Konkurse vorziehen.

Das Konkursverfahren darf demnach nicht von Amtswegen, sondern jedenfalls nur auf Antrag eines Beteiligten eingeleitet werden. Bei der Frage, wie in Ermangelung eines solchen Antrages die Liquidation zu beschaffen ist, muß das Interesse der Gläubiger im Vordergrunde stehen. Als Recht kann sie der Erbe jedenfalls nicht in Anspruch nehmen. Gegen eine gerichtliche Verwaltung sind von Eck und anderen starke Bedenken erhoben worden, welche kaum widerlegt werden können. Ein großer Teil der Gründe, welche gegen ein Konkursverfahren sprechen, trifft auch jedes andere gerichtliche Verfahren. Billigkeit und Schnelligkeit sind nun einmal nicht die Vorzüge, durch welche sich unsere Gerichte auszeichnen, auch rühmt man ihnen, wenn es darauf ankommt, verwirrte ökonomische Verhältnisse mit möglichst geringem Verlust zu ordnen, keine hervorstechende Geschicklichkeit nach.

Die Rechtsitte weist uns hier den richtigen Weg. Da der Erbe nach den Rücksichten der Verwandtschaft und überhaupt des persönlichen Verhältnisses zum Erblasser, nicht nach Geschäftskenntnis und Zuverlässigkeit gewählt wird, so kann es kommen, daß er zur Liquidation und Durchführung des letzten Willens nicht die geeignete Person ist, und der Testator ernennt deshalb sehr häufig für diesen Zweck einen Testamentsvollstrecker. Auch sonst sind Nachlaßverwalter, wenn der Erbe unbestimmt oder behindert ist, seine Rechte wahrzunehmen, sowohl dem heutigen Rechte wie auch den Entwürfen nicht unbekannt. Es wird kein Bedenken haben, diesen Fällen noch den anderen anzureihen, daß der Erbe von dem Vorbehaltsrecht Gebrauch macht. Die Gläubiger haben, wenn dies geschieht, Anspruch darauf, daß die Liquidation von einer zuverlässigen und geeigneten Persönlichkeit vorgenommen wird. Liegt diese Voraussetzung bei dem Erben vor, so besteht kein Hindernis, daß er selbst — wie auch Bähr gestattet — zum Nachlaßverwalter bestellt wird. Dann tritt im wesentlichen das Verfahren ein, welches Eck empfohlen hat.

Der Verwalter braucht durchaus nicht immer ein Rechtsanwalt zu sein. Im Gegenteil wird es sich, wenn nicht verwickelte Rechtsverhältnisse vorliegen, vielmehr empfehlen, einen Berufsgenossen des Verstorbenen zu ernennen, damit er im Stande ist, die Verhältnisse leicht zu übersehen. Er gleicht in seiner Stellung weniger einem Konkursverwalter als einem Vormunde. Gegenüber der Liquidation durch den Erben hat dies Verfahren den Vorzug, daß man in der Lage ist, eine geeignete Persönlichkeit zu wählen, welche den Gläubigern die erforderlichen Garantien bietet, gegenüber dem obligatorischen Konkursverfahren, daß man ein scharfes mit Kosten verbundenes Eingreifen vermeidet, wenn es nicht notwendig ist und von den Beteiligten nicht gewünscht wird. Auch der Erbe wird oft damit einverstanden sein, daß ihm die Wahl eines Vertreters und die Verantwortung dafür abgenommen wird.

Als das Normale erscheint es freilich auch für unsere Anschauung, daß der Erbe selbst die Liquidation übernimmt. Der Vorteil, seine Geschäfte selbst nach eigenem Ermessen leiten zu können und Kosten und Zeit zu sparen, wird ihn in der That meistens dazu bewegen, insbesondere dann, wenn er in der Lage ist, die Erbschaftsangelegenheiten zu übersehen, also gerade dann, wenn seine Verwaltung für die Liquidation am vorteilhaftesten ist. Wer dem Erblasser nahe gestanden hat und seine Vermögensverhältnisse genau kennt, wird die Haftung für die Schulden, wenn der Nachlaß wirklich zulänglich ist, nicht fürchten. Ist dagegen der Nachlaß überschuldet, so sind gerade von solchen Erben Verheimlichungen und Hinterziehungen am ehesten zu besorgen, und es ist sehr bedenklich, ihnen das Vermögen ohne Prüfung ihrer Vertrauenswürdigkeit auf Gefahr der Gläubiger in die Hand zu geben.

Wenn die Erben den Verhältnissen des Erblassers ferner stehen, so werden sie bisweilen selbst bei zulänglichem Vermögen die Haftung für die Schulden ablehnen und dadurch eine Nachlaßverwaltung herbeiführen. Aber eine solche wird dann meist im Interesse aller Beteiligten sein, sogar der Erben selbst, da sie diesen die Garantie für eine geordnete Abwickelung der Geschäfte giebt, wie sie selbst sie oft nicht hätten beschaffen können, und sie gegen Übervorteilungen mehr sichert, als es ihnen bei eigener Leitung möglich gewesen wäre.

Der Nachlaßverwalter würde die Stellung haben, welche Eck dem Inventarerben anweist. Ein Aufgebotsverfahren ist als Grundlage einer geordneten Liquidation dringend wünschenswert und sollte daher obligatorisch gemacht werden. Tritt dabei Unzulänglichkeit der Erbschaft nicht zu Tage, so sollte der Verwalter meines Erachtens an eine Reihenfolge nicht gebunden sein,*) der Verstorbene selbst wäre es ja auch nicht gewesen. Erkennt er die Überschuldung, so muß er entweder den Konkurs beantragen oder den angemeldeten Gläubigern Mitteilung machen, damit diese einen dahin gehenden Antrag stellen können, wenn sie ihn in ihrem Interesse halten. Thun sie es nicht, so finde ich kein Bedenken, daß die Liquidation in der bisherigen Weise fortgesetzt wird, da es häufig im entschiedenen Interesse der Gläubiger liegen wird.

Ob Konkurs eröffnet werden soll, würde also lediglich in der Hand des Nachlaßverwalters und der einzelnen Gläubiger liegen. Diese können den Antrag stellen, wenn entweder Überschuldung nachgewiesen ist, oder wenn sie für ihre fälligen Forderungen keine Befriedigung erhalten. Dem Vorbehaltserben würde ich einen Einfluß darauf überhaupt nicht zugestehen, da er ein legales Interesse kaum haben kann, und ebensowenig den Vermächtnisnehmern. Mit der Einleitung des Konkurses hört die Funktion des Verwalters auf, und der Erbe erhält die Rechte eines Gemeinschuldners.

Der Erbe muß andererseits — ebenso wie bei Bähr — die Befugnis haben, jederzeit die Verwaltung selbst zu übernehmen, natürlich mit der Wirkung, daß er nunmehr persönlich für die Schulden haftet. Diese Haftung ist aber auf die im Aufgebotstermine angemeldeten Forderungen zu beschränken, so daß er für später hervortretende nur mit dem Rest des Nachlasses auf Grund des Inventars haftet.

*) Auch Eck bindet den Erben in diesem Fall nicht.

So ist denn ein Inventarrecht im römischen Sinne unnötig. Regelmäßig darf der Erbe die Regulierung mit unbeschränkter Haftung übernehmen. Will oder kann er das aus irgend einem Grunde nicht, so tritt Nachlaßverwaltung ein. In den beiden folgenden Paragraphen will ich versuchen die Durchführbarkeit des Vorschlages im einzelnen zu zeigen.

---

10. Regulierung durch den Erben.

Wenn der Erbe die Liquidation der Erbschaft selbst führt, so treten dieselben Folgen ein wie nach römischem System. Die erbschaftlichen Rechte standen ihm bereits mit der Berufung zu, und dadurch, daß er die Verwaltung beginnt, übernimmt er sämtliche Schulden zu unbeschränkter Haftung. Der Nachlaß fließt dann mit seinem Vermögen juristisch wie thatsächlich zu einer einzigen Masse zusammen. Es steht nichts entgegen, in diesem Falle von einer Universalsuccession in demselben Sinne wie die gemeinrechtliche Doktrin zu sprechen. Freilich werden Aktiva und Passiva nicht in demselben Augenblicke erworben, aber auch hierfür bietet die Behandlung der Erbschaft der sui im prätorischen Rechte eine vollkommene Analogie.

Die Schuldenhaftung kann sich an eine Erklärung oder an einen Eingriff in die Erbschaft knüpfen. Natürlich muß sich die Erklärung direkt auf die Übernahme der Haftung beziehen. Die Parallele mit dem römischen Erbschaftsantritt trifft nicht zu, denn dieser ging auf den Erwerb der Erbschaft und führte die Schuldenhaftung nur als sekundäre, aber freilich unvermeidliche Folge mit sich. Wenn dagegen Erwerb und Schuldenhaftung nicht mehr mit einander verbunden sind, so tritt diese Folge nicht mehr notwendig mit der Erklärung, erwerben zu wollen, ein.

Ebenso ist an die Verwaltungshandlungen ein anderer Maßstab zu legen als nach römischem Rechte. Es genügt nicht jede Thätigkeit zum Nutzen des Nachlasses, selbst dann nicht, wenn die Umstände zeigen, daß der Erbe sie lediglich im eigenen Interesse vorgenommen hat. In dieser Beziehung versagt auch die Analogie der römischen Immixtion. Denn der Erbe, welcher schon durch die Berufung erworben hat, hat eigene Interessen zu wahren, auch wenn er für die

Schulden nicht persönlich verhaftet sein will. Wer z. B. andrängende Gläubiger beschwichtigt, sie durch Pfand und Bürgschaft sicher stellt oder sogar einzelne Schulden aus eigenen Mitteln bezahlt, zeigt dadurch noch nicht den Willen, für alle Schulden voll zu haften. Vielleicht scheut er, im Zweifel, ob die Erbschaft solvent ist, ein kleines Opfer nicht, um den Konkurs zu vermeiden, weil er auf diese Weise eher auf einen Überschuß hoffen kann. Die Rechte der Gläubiger werden in keiner Weise beeinträchtigt, und es empfiehlt sich von ihrem Standpunkte durchaus nicht, ein derartiges Eingreifen des Erben zu verhindern, indem man Rechtsnachteile daran knüpft. Die Grenze, wo die Interessen der Gläubiger berührt werden, beginnt mit solchen Handlungen, durch welche der Erbe Erbschaftssachen an sich nimmt oder über Sachen oder Rechte verfügt, weil ihnen dadurch ein Befriedigungsobjekt entzogen wird. Hiermit den Übergang der Schulden zu verknüpfen, entspricht auch der Billigkeit, weil der Erbe redlicherweise nicht die Absicht haben kann, die Aktiva zu nehmen, ohne für die Passiva einzustehen. Nur solche Maßregeln, bei welchen Gefahr im Verzuge ist, also etwa Veräußerung von Sachen, die dem Verderben ausgesetzt sind, darf man dem Erben ohne Rechtsnachteil gestatten, auch hier empfiehlt es sich aber, ihm eine sofortige Anzeige beim Nachlaßgerichte zur Pflicht zu machen, wenn er die persönliche Haftung vermeiden will.

Durch die Vermischung der Erbschaft mit dem Vermögen des Erben können die Interessen der Erbschaftsgläubiger beeinträchtigt werden, wenn der Erbe in schlechten Verhältnissen ist. Das römische Recht hatte deshalb bekanntlich das beneficium separationis geschaffen. Man ließ den Gläubigern geradezu die Wahl, ob sie den Erben als persönlichen Schuldner annehmen („heredem sequi") oder ihre Forderungen unmittelbar gegen das Erbschaftsvermögen richten wollten. Im letzteren Falle hatten sie gegenüber dem Nachlasse ein Befriedigungsrecht mit unbedingtem Vorzuge vor den persönlichen Gläubigern des Erben. Zu einem durchgreifenden Erfolge dieser Befugnis gehört, daß die Erbschaft der Verwaltung des Erben entzogen und einem besonderen Verwalter unterstellt wird.

Wenn von den Gläubigern nur einige die Gütertrennung verlangen, so ist eine Nachlaßverwaltung lediglich für diese freilich nicht möglich, auch diejenigen, welche sie nicht verlangen, sind notwendig beteiligt. Es kann also ein unbedeutender Gläubiger durch seinen Antrag die Nachlaßverwaltung herbeiführen. Gegen den Mißbrauch dieser Befugnis genügt es aber, wenn man dem Erben freiläßt, durch Zahlung oder — was namentlich bei befristeten Forderungen wichtig werden wird — durch Sicherstellung die Nachlaßverwaltung abzuwenden. Welcher Art die Sicherheitsleistung sein soll, wird am besten dem freien richterlichen Ermessen überlassen, damit alle Umstände richtig gewürdigt werden können. Auch müßte es dem Richter zustehen, von dem Antragsteller einen angemessenen Kostenvorschuß zu verlangen. Hierdurch ist allen billigen Ansprüchen Rechnung getragen. Die Sicherstellung wird um so leichter, je geringfügiger die Forderung ist; sie wird da, wo kein gerechter Anlaß zu Besorgnissen ist, dem Erben keine Schwierigkeiten machen. Verloren wird der Anspruch auf Gütertrennung wie im römischen Recht, wenn man den Erben ausdrücklich oder durch konkludente Handlungen als persönlichen Schuldner annimmt (heredem sequi). Außerdem liegt es in der Billigkeit, daß der Gläubiger, welcher den Antrag auf Gütertrennung stellt, jeden persönlichen Anspruch gegen den Erben verliert, auch wenn ein solcher schon durch Immixtion des Erben in die Erbschaft begründet worden war. Die anderen Gläubiger behalten neben den Vorteilen, welche ihnen die Gütertrennung gewährt, auch den persönlichen Anspruch, da dieser nicht durch die Handlung eines anderen wieder erlöschen kann. Der Erbe kommt dann freilich in eine ungünstige Lage, indem er einem Teile der Gläubiger persönlich verhaftet bleibt, obgleich ihm die Verwaltung genommen wird; diesen Nachteil hat er sich aber selber dadurch zugezogen, daß er eine Verwaltung angetreten hat, für welche er nicht im stande war, die erforderliche Sicherheit zu bieten. Auch fehlt es nicht an Mitteln, den Nachteil zu mildern: der Richter kann ihn, wenn er vertrauenswürdig ist, zum Nachlaßverwalter ernennen, und ihm selbst steht es frei, noch nachträglich Sicherheit zu stellen, und dadurch Aufhebung der Nachlaßverwaltung herbeizuführen.

Wenn die erhobenen Forderungen von dem Erben bestritten werden, so kann die Entscheidung natürlich nur durch Prozeß erfolgen. Jegliche Sicherheit wird man aber auch vor ausgemachter Sache dem Gläubiger nicht versagen dürfen, weil er sonst durch chikanöses Leugnen des Erben seinen Anspruch auf Gütertrennung verlieren würde. Wird ihm keine Sicherheit gestellt, so muß trotz der Zweifelhaftigkeit der Forderung Nachlaßverwaltung eintreten, nur hat der betreibende Prätendent seinerseits Sicherheit zu leisten, daß er alle dadurch entstandenen Kosten ersetzt, wenn er mit seinem Anspruch abgewiesen wird.

Wenn mehrere Erben vorhanden sind, so haben sie die Verfügung über die erbschaftlichen Sachen und Rechte gemeinschaftlich. Verfügt einer von ihnen eigenmächtig, so ist das ungültig, und er macht sich — abgesehen von dem strafrechtlichen Gesichtspunkte — nicht nur seinen Miterben ersatzpflichtig, sondern entzieht auch den Gläubigern ihre Befriedigungsobjekte. Die Folge kann sein, daß die anderen Erben wegen der Verminderung der Erbschaft die persönliche Haftung, welche sie sonst übernommen hätten, ablehnen und es zu einer Nachlaßverwaltung kommen lassen. Es ist daher billig, daß der eigenmächtig verfügende Erbe mit Ausnahme des schon oben erwähnten Falles, wenn Gefahr im Verzuge ist, die solidarische Haftung auf sich zieht.

Selbst die Verfügung über seinen Anteil darf man dem Teilerben nicht zugestehen. Das Interesse, welches er daran hat,*) ist ein ziemlich untergeordnetes, da ideelle Teile wegen der damit verbundenen Unmöglichkeit freier Ausnutzung und der Notwendigkeit der Auseinandersetzung mit den anderen Teilhabern fast durchweg einen verhältnismäßig viel geringeren Wert haben als das ungeteilte Recht. Auf der anderen Seite werden durch Verfügungen über einen Anteil die Miterben beeinträchtigt, weil die Verteilung und Verwertung der Masse eine Störung erleidet, und die Gläubiger, weil sie Befriedigungsobjekte verlieren. Selbst das römische Recht setzt voraus, daß die Teilung der Sachen unter den Miterben auf einmal erfolgt. Bei Forderungen würde die rückhaltlose Durchführung des Satzes, daß sie von Rechts wegen nach Verhältnis der Erbteile geteilt werden, im heutigen Leben fast noch größere Schwierigkeiten bereiten. Denn gerade die wichtigeren Forderungen können meist nur einheitlich geltend gemacht werden, da sie in der

*) Siehe darüber namentlich das Referat von Reatz in den Verhandlungen des XX. Juristentages IV. S. 294. Auch Reatz kommt, obgleich er das Individualinteresse des Teilerben meines Erachtens noch zu hoch schätzt, zu dem Ergebnisse, daß es zurücktreten muß.

einen oder anderen Art an eine Urkunde geknüpft sind oder der Kündigung bedürfen, um fällig zu werden. Ein Hypothekenschuldner würde durch Teilung der Schuld in Dreizehntel in ziemliche Verlegenheit geraten, wenn jeder seiner nunmehrigen Gläubiger über sein Dreizehntel selbständig verfügen wollte. Wechselforderungen sind schon ihrer Natur nach nur ungeteilt geltend zu machen, da sie an den Besitz der Urkunde geknüpft sind. Je genauer man auf die Einzelheiten eingeht, um so mehr häufen sich die Bedenken.*) Erklärt man demnach die Verfügung über einen einzelnen Anteil für ungiltig, so wird es ziemlich gleichgiltig, ob man dem Teilerben schon das Recht zu dem betreffenden Bruchteile zuschreibt oder nicht.**) Denn die Verfügung kann immer nur gemeinschaftlich erfolgen, und die Erbquote erhält erst Bedeutung, wenn die Erbschaftssachen oder deren Erlös geteilt werden sollen.

Für den Fall, daß die Erben teilen, eröffnet sich ein doppelter Weg. Man kann entweder den römischen Satz „nomina ipso jure divisa sunt“ zur Anwendung bringen und die Erben nach ihren Erbteilen haften lassen, oder dem System des preußischen Landrechts folgend, Gesamthaftung eintreten lassen.***) Dem deutschen Prinzip, nach welchem die Schulden ungeteilt auf der Erbschaft ruhen, entspricht es mehr, daß jeder, der etwas von der Erbschaft erwirbt, von dritten Personen unbeschränkt für alle Erbschaftslasten heran-

---

*) Der Juristentag nahm daher fast einstimmig den Antrag an: „Die Miterben können über den Aktivnachlaß und dessen Bestandteile bis zu der unter ihnen erfolgenden Auseinandersetzung nur gemeinschaftlich verfügen“ a. a. O. S. 309, 314.

**) Auf dem Juristentage wollte der Referent, Reatz, obgleich er bezüglich der Konsequenzen im wesentlichen übereinstimmte, prinzipiell die Erbschaftsrechte für geteilt erklären. Von anderer Seite wurde ihm die juristische Bedeutungslosigkeit dieses Prinzips eingewandt. Gleichwohl waren die Ansichten über die theoretische Frage geteilt. Der Juristentag beschloß lediglich über die praktischen Konsequenzen, ohne sich über die Konstruktion auszusprechen — mit vollem Recht, da es sich um eine rein wissenschaftliche Frage handelte, die durch Mehrheitsbeschlüsse unmöglich entschieden werden kann. A. a. O. S. 297 Anm. S. 313 f.

***) Näheres bei Dove „über die zweckmäßigste Regelung des Inventarrechts und die im Entwurf des bürgerlichen Gesetzbuchs versuchte Gestaltung desselben“, Verhandl. d. XX. Juristentages I S. 88.

gezogen wird*) und nur durch Rückgriff auf seine Miterben eine Ausgleichung herbeiführen kann. Denn aus dem Rechtsverhältnis der Miterben unter einander fließt allerdings der gegenseitige Anspruch, daß, wie der Vorteil, so auch die Lasten verhältnismäßig verteilt werden. Auch praktische Gründe sprechen für das landrechtliche Prinzip. Schon oben wurde darauf hingewiesen, daß die Spaltung einer Forderung in mehrere dem Gläubiger oft lästig wird und bisweilen selbst den wirtschaftlichen Wert der Forderung erheblich beeinträchtigt. Die prozessuale Beitreibung kann ferner dem Gläubiger nach der Teilung der Masse sehr erschwert sein, da er nunmehr darauf angewiesen ist, die einzelnen — vielleicht an verschiedenen Orten wohnhaften, ihm selbst unbekannten — Erben zu verklagen. Freilich wird auch dem einzelnen Erben, welcher zur Vollzahlung gezwungen worden ist, der Rückgriff oft Schwierigkeiten bereiten, aber man kann sie ihm eher als dem Gläubiger zumuten, zumal da er in der Lage gewesen wäre, für eine Abwickelung vor der Teilung zu sorgen.

Der Entwurf hat sich allerdings dem römischen Rechte angeschlossen, von seinem Standpunkte aus völlig konsequent. Denn das von ihm zu Grunde gelegte Prinzip der Universalsuccession**) besteht eben darin, daß Pflichten wie Rechte auf den Alleinerben ganz, auf den Teilerben zum Teil übergehen. Gleichwohl hat sich eine sehr entschiedene Opposition dagegen erhoben, da dem praktischen Bedürfnis durch das vom Landrecht angenommene deutschrechtliche Prinzip am besten genügt wird.

Für diejenigen Schulden, welche die Miterben kannten oder hätten erfahren können, entspricht die solidarische Haftung sicher der Billigkeit, da man vor der Teilung für Zahlung oder Sicherstellung hätte sorgen sollen. Es kann nur in Frage gezogen werden, ob für unbekannte Schulden nach der Teilung der Erbschaft Teilhaftung

*) Der Gedanke ist auch den Römern nicht fremd gewesen, er tritt deutlich in dem Satze hervor, daß der, welcher aus der Erbschaft durch Ersitzung am meisten an sich gebracht hat (qui plurimum pro herede usucepit), für alle Erbschaftsschulden haftet.

**) Es wurde oben gezeigt, daß die Römer überhaupt nur auf der Grundlage des Satzes, daß die nomina ganz oder nach Bruchteilen übergehen, zu dem Begriff der Universalsuccession gelangt sind.

eintreten soll, wenn ein Aufgebot der Gläubiger erfolgt ist. Ein dringendes Bedürfnis wird hiernach vielleicht nicht vorhanden sein, da ein wirklich vorsichtiger Erbe, wenn er die Verhältnisse des Erblassers nicht kennt, lieber die persönliche Haftung ganz vermeidet. Durch zweckmäßige Gestaltung der Nachlaßverwaltung kann ihm das sehr erleichtert werden. Auch sind gegen Aufgebote, da sie ihren Zweck oft nicht erfüllen, Bedenken erhoben worden. Andererseits muß aber die selbständige Regulierung durch die Erben, soweit es mit den Interessen der Gläubiger vereinbar ist, begünstigt werden. Da nun ein Aufgebot mit einer längeren Frist übereilte Erbschaftsteilungen verhindert und dem aufmerksamen Gläubiger zur Wahrung seiner Rechte Zeit läßt, da ferner der Teilerbe immerhin ein berechtigtes Interesse daran hat, gegenüber nachträglich und unerwartet auftauchenden Ansprüchen seine Haftung möglichst zu beschränken, so wird es sich rechtfertigen lassen, für solche Forderungen, welche nach öffentlichem Aufgebote innerhalb einer bestimmten längeren Frist nicht angemeldet worden sind, den Teilerben nur nach Verhältnis seiner Erbquote haften zu lassen.*)

Besondere Schwierigkeiten bereitet der Fall, wenn einige der Miterben die Erbschaft selbst verwalten wollen, während andere die Übernahme der persönlichen Haftung verweigern. Das Interesse der Ersteren würde natürlich dahin gehen, durch die vorsichtigen Genossen nicht gehindert zu werden. Indessen kann die Regulierung nur einheitlich geschehen. Bähr, welcher bei Ablehnung der persönlichen Haftung stets den Nachlaßkonkurs eintreten läßt, kommt daher folgerecht zu dem Resultate, daß dieser bei Weigerung eines einzigen Teilerben unvermeidlich ist, und findet nur insofern ein Korrektiv, als der ihn veranlassende Erbe die Kosten zu tragen hat, wenn die Erbschaft in Wirklichkeit zahlungsfähig war. Die Bedenken hiergegen sind oben auseinandergesetzt worden. Weniger Bedenken wird es machen, eine Nachlaßverwaltung eintreten zu lassen. Diese kann so eingerichtet werden, daß die Erben, welche die volle Haftung über-

*) Der Juristentag hat fast einstimmig beschlossen: „die Miterben haften für die Nachlaßschulden gemeinschaftlich und solidarisch, soweit sie den Nachlaß besitzen oder erwerben. Die Miterben können indeß diese Haftung durch eine Aufforderung an die Gläubiger zur Anmeldung ihrer Forderungen ablehnen bezw. beschränken. A. a. O. S. 309, 314.

nehmen wollen, möglichst wenig dadurch beeinträchtigt werden. Völlig freie Hand können sie freilich nicht bekommen, denn schon der Anspruch der Miterben auf den eventuellen Überschuß macht eine Beschränkung notwendig. Von der Art der Beschränkung wird bei der Nachlaßverwaltung eingehender zu sprechen sein.

Die Miterben regulieren also gemeinschaftlich, und zwar in der Weise, daß Einstimmigkeit erforderlich ist, und Mehrheitsbeschlüsse nicht genügen. In dieser Beziehung sind die römischen Rechtsregeln vollständig anwendbar. Bei qualitativ gleichen selbständigen Rechten ist Majorisierung nicht zulässig, es würde sonst der Einzelne seinen Miterben preisgegeben sein, und wenn ein Miterbe zu mehr als der Hälfte Erbe ist, so würde er eine den anderen äußerst nachteilige präponderierende Stellung einnehmen. Allerdings liegt auch in dem liberum veto des Einzelnen eine große Gefahr.

Wenn sich die Erben nicht einigen können, so weist sie das römische Recht auf den Weg der Erbteilungsklage. Man wird nicht fehlgehen, wenn man hierin lediglich einen Notbehelf für eine fehlende Regulierung durch Nachlaßverwaltung sieht, denn es handelt sich nicht um die Entscheidung über Rechtsverhältnisse, sondern um Zweckmäßigkeitsfragen, für welche ein gerichtliches Verfahren wenig geeignet ist. Übrigens setzt das auf Sachen beschränkte römische judicium familiae erciscundae als Grundlage voraus, daß die Succession in die erbschaftlichen Rechte nach Brüchen geteilt erfolgt, und verliert bereits seinen eigentlichen Charakter, wenn es, wie heute kaum zu vermeiden ist, auch auf Forderungen erstreckt wird. Es bekommt dadurch gewissermaßen den Charakter eines gerichtlichen Liquidationsverfahrens.

Giebt man das Prinzip der geteilten Succession auf und führt eine einheitliche Nachlaßregulierung ein, zu der das Gemeine Recht schon neigt und das Preußische Landrecht wirklich gelangt ist, so muß die römische actio familiae erciscundae fallen. In erster Linie kommt freilich die Regulierung den Erben zu; können sich diese aber nicht einigen, so sind sie dazu unfähig, und es muß auf andere Weise Fürsorge getroffen werden. Recht ungeeignet würde es sein, die einzelnen Streitfragen auf dem Prozeßwege zur Entscheidung zu bringen. Denn die Differenz bezieht sich auf Dispositionsakte, zu welchen beide Teile gleichberechtigt sind, so daß ein Urteil über Recht und Unrecht gar nicht gefällt werden kann. Und wollte man wirklich dem Richter aufgeben, nach wirtschaftlicher Zweckmäßigkeit zu entscheiden, so ist doch sehr zu fürchten, daß unter uneinigen Erben immer wieder neue Streitpunkte auftauchen, und sich schließlich das ganze Liquidationsverfahren in eine Reihe einzelner Prozesse auflöst. Wie wenig das im Interesse der Gläubiger und der Erben selbst ist, braucht nicht ausgeführt zu werden.

Es bleibt nur übrig, den Erben die Regulierung abzunehmen*) und ihnen lediglich so viel Befugnisse zu lassen, wie ihnen zur Wahrung ihrer Interessen zugestanden werden können, ohne den Fortgang der Liquidation zu gefährden, also dasselbe zu thun, was schon jetzt häufig Erblasser anordnen, um Streitigkeiten unter ihren Erben zu verhindern. Die Möglichkeit, einen Antrag auf Einsetzung einer Nachlaßverwaltung zu stellen, bietet dem Einzelnen das einzige sichere Mittel, bei dem Stocken der Regulierung wegen Uneinigkeit der Erben eine schleunige Fortsetzung zu erzwingen. Dagegen ist es mit dem deutschrechtlichen Prinzip unvereinbar, den Erben ihre Dispositionsbefugnisse unter allen Umständen zu wahren.

Auch wenn die Erben selbst regulieren, behält der Nachlaß einstweilen, nämlich bis zur definitiven Teilung, seine vermögensrechtliche Selbständigkeit, sodaß auch noch nachträglich eine Verwaltung eingesetzt werden kann, insbesondere dann, wenn die Gläubiger Gütertrennung verlangen. Konfusion erfolgt nicht. Der Erbe vertritt zwei an sich getrennte Vermögen, und seine Gläubiger können sich vor der Teilung zwar an seinen erbschaftlichen Anspruch und das, was ihm aus der Erbschaft zufließt, aber nicht unmittelbar an die erbschaftlichen Rechte halten.

Die Frage, wie der Nachlaß behandelt werden soll, wenn das Erbrecht zweifelhaft ist, löste das ältere römische Recht in einer für die damaligen Verhältnisse sehr zutreffenden Weise durch vorläufige

*) In Preußen scheint das an sich richtige Prinzip, daß die Forderungen den Erben insgesamt zustehen, in der Ausführung bisweilen zu Unzuträglichkeiten zu führen. Zu einer Erbschaft im Gebiet des Gemeinen Rechts gehörte eine Hypothekenforderung in Preußen. Einer der Miterben verweigerte beharrlich seine Einwilligung zur Erhebung derselben, und schließlich blieb nichts übrig, als Spaltung der Post in einzelne Anteile. Das Resultat wurde nach jahrelangem Verhandeln und Prozessieren erreicht.

Einweisung („bonorum possessio sine re“) des mutmaßlichen Erben. Wurde ein äußerlich formgerechtes Testament vorgelegt, so erhielten die darin Ernannten den Besitz, andernfalls die Intestaterben. Anderweitige Prätendenten waren auf den Weg der Erbschaftsklage verwiesen. Die Sicherheit, daß der Nachlaß unversehrt blieb, war für diese freilich gering, der Mangel wurde aber dadurch ausgeglichen, daß sie eine Kaution verlangen konnten, wenn sie, was ihnen ja ohne Verzug möglich war, die Klage anstrengten. Daß ursprünglich die bonorum possessio vorzugsweise dem Zwecke einer vorläufigen Regulierung bis zur Entscheidung des Erbschaftsstreites diente, kann nach den Äußerungen Cicero's nicht bezweifelt werden, später wurde bekanntlich die bonorum possessio in immer größerem Umfange zu einer Reform des veralteten civilen Erbrechts benutzt und bekam dadurch den Charakter eines wirklichen Erbrechtes („bonorum possessio cum re“), ohne jene älteren Funktionen zu verlieren. Als die bonorum possessio durch Justinian beseitigt wurde, entstand eine Lücke, welche bei Erbschaftsstreitigkeiten einen völlig ungeordneten Zustand möglich machte.

Auch abgesehen davon ist aber eine richterliche Kontrole des Erbrechtes in vielen Fällen nicht zu umgehen, da der Erbe zu gewissen Handlungen, namentlich zur Verfügung über Grundstücke und Hypothekenforderungen einer Legitimation bedarf.*) Viele Partikularrechte haben diesem Bedürfnisse durch Einführung von Erbenzeugnissen genügt. Der Entwurf giebt dem Intestaterben die Möglichkeit, sich einen „Erbschein“ ausstellen zu lassen, dem testamentarischen Erben nimmt er sie.

Man kann zweifeln, ob dieser Unterschied, der freilich den Bestimmungen vieler Partikularrechte entspricht, berechtigt ist. Denn wenn die Motive sagen:

> Die Beurkundung des Erbrechts durch das Nachlaßgericht ohne Aufgebotsverfahren ist an sich anomaler Natur,

so kann man dem Grunde zustimmen, aber man fragt billigerweise, weshalb der Entwurf denn von einem Aufgebot abgesehen hat, und weshalb er die Anomalie gerade für die Intestaterbschaft, nicht für die testamentarische zuläßt. Heißt es darauf weiter, die letztwillige

*) Vergl. z. B. die Motive V S. 557.

Verfügung „enthalte selbst bereits das Erforderliche", so ist das ebenso unrichtig, als wenn man sagen wollte, die Urkunden über das Verwandtschaftsverhältnis enthielten bereits das Erforderliche für das Intestaterbrecht. Aus einem Testamente sind eine Menge von Voraussetzungen für seine Gültigkeit, z. B., um von allem Andern abzusehen, die Thatsache, daß kein späteres Testament errichtet ist, eben so wenig ersichtlich, wie aus den Urkunden über das Verwandtschaftsverhältnis die Voraussetzungen dafür, daß Intestaterbfolge eintritt. Wenn endlich die Motive behaupten, der Erbschein enthalte eine Art provisorischer Entscheidung über das darauf zu gründende Erbrecht, so ist das richtig, trifft aber für Intestat- und Testamentserbrecht gleichmäßig zu, und es ist nicht abzusehen, weshalb für dieses unerträglich sein soll, was für jenes zulässig ist.

Richtiger wäre es, die von den Motiven gerügte „anomale Natur" des Erbscheines zu beseitigen und seiner Erteilung ein öffentliches Aufgebot vorhergehen zu lassen. Der Billigkeit würde es nicht widersprechen, weil der Empfänger des Erbscheines in die Lage kommt, über grundbücherliche Rechte zu verfügen. In der Zwischenzeit bis zum Ablauf der Frist wären Verfügungen, welche einen Erbschein voraussetzen, natürlich unmöglich, es hat jedoch kein Bedenken, wenn die Verfügungen eines Prätendenten, dessen Recht nur bescheinigt ist, aber noch nicht feststeht, einen Aufschub erleiden.

Indessen wird es nicht einmal nötig sein, die Erteilung eines Erbscheines in dieser Art zu erschweren. Schon jetzt wird vielfach ein Erbschein ohne solche Vorsichtsmaßregeln gegeben, es genügt, entsprechend § 2069, 2070 Bescheinigung des Erbrechtes und eine eidesstattliche Versicherung des Antragstellers zu erfordern. Empfehlen wird sich, daß der Erbschein vor einer bestimmten Frist, etwa 30 Tage nach dem Tode, nicht erteilt werden darf, damit andere Prätendenten Zeit haben, sich zu melden.

Meldet sich kein anderer Prätendent, so erhält der Antragsteller den Erbschein und damit ziemlich genau die Rechtstellung des bonorum possessor in altrömischer Zeit. Er übt einstweilen alle Rechte des wirklichen Erben und hat, wenn noch nachträglich sein Erbrecht bestritten werden sollte, die Beklagtenrolle. Melden sich Prätendenten, welche die Grundlage ihres Erbrechtes ebenfalls bescheinigen können, so erfolgt Nachlaßverwaltung. Diese ist, da ein legitimierter Erbe nicht vorhanden ist, in allseitigem Interesse. Der Richter kann denjenigen, dessen Recht die meiste Wahrscheinlichkeit für sich hat, zum Verwalter ernennen, dieser kommt dann in die Lage, selbst für den Nachlaß zu sorgen, muß aber ein Inventar errichten und untersteht der Kontrole des Gerichts und des Prätendenten, so daß im Falle seines Unterliegens die Herausgabe gesichert ist. Das Gesetz wird am besten thun, dem Richter möglichst freie Hand zu lassen, kasuistische Bestimmungen würden in vielen Fällen unzutreffend sein und unbillige Ergebnisse liefern.

Die Verfügungen des durch den Erbschein Legitimierten behalten ihre Gültigkeit auch dann, wenn diesem später das Erbrecht abgesprochen wird. Mehrere Erben erhalten den Erbschein gemeinschaftlich und werden dadurch zu gemeinschaftlicher Verfügung befähigt. Bei nachträglicher Einsetzung einer Verwaltung muß der Erbschein zurückgenommen und für kraftlos erklärt werden. In der Annahme des Erbscheins liegt der Antritt der Verwaltung und damit die persönliche Übernahme der Erbschaftsschulden. Erbschaftsprätendenten können demnach von den Gläubigern nicht in Anspruch genommen werden, wenn sie den Erbschein nicht besitzen und auch nicht über irgend welche Erbschaftssachen oder erbschaftlichen Rechte verfügt haben, vielmehr haben die Gläubiger sich lediglich an den Verwalter zu wenden. Derjenige, welcher den Erbschein erhalten hat, haftet dagegen den Gläubigern persönlich, auch wenn ihm später sein Erbrecht bestritten wird, und hat nur eine Rückforderung von dem wirklichen Erben, falls er zur Herausgabe der Erbschaft verurteilt wird.

Den obigen Ausführungen würden etwa folgende Bestimmungen entsprechen:

> Die Ausübung der erbschaftlichen Rechte steht dem Alleinerben oder der Gesamtheit der Teilerben zu.
>
> Wer als Erbe oder wie ein Erbe erbschaftliche Rechte ausübt oder sich einen Erbschein erteilen läßt, haftet für die Erbschaftsschulden, für die Ansprüche der Hinterbliebenen auf Unterhalt und Aussteuer und für die Vermächtnisse, von denen er wußte oder wissen konnte, in ihrem ganzen Betrage, für andere Vermächtnisse bis zur Höhe dessen, was er aus der Erbschaft in Händen hat.

Dem deshalb Belangten steht gegen den wirklichen Erben, wenn dieser die Erbschaft in Anspruch nimmt, und ebenso gegen seine Miterben nach Verhältnis ihrer Erbteile, der Rückgriff zu.

Maßregeln, welche im Interesse des Nachlasses keinen Aufschub leiden, schaden dem Handelnden nicht, wenn er unverzüglich dem Nachlaßgerichte Anzeige macht und die Bestellung eines Nachlaßverwalters beantragt.

Jeder Erbe kann bei dem Nachlaßgerichte beantragen, daß die Erbschaftsgläubiger öffentlich aufgefordert werden,*) sich binnen einer Frist, welche von 1 bis 6 Monaten anzusetzen ist, bei dem Nachlaßgericht zu melden; die öffentliche Aufforderung hat die Wirkung, daß die Gläubiger, welche sich in der Frist nicht melden, die Erben nur nach Verhältnis ihrer Erbteile in Anspruch nehmen können.

Die Erteilung des Erbscheins wäre ähnlich zu regeln, wie im Entwurf, nur mit der Modifikation, daß auch testamentarische Erben ihn erhalten.

11. Nachlaßverwaltung.

Wenn die Nachlaßverwaltung in der vorgeschlagenen Art gestaltet wird, so erfüllt sie zugleich die Funktionen des beneficium inventarii, des beneficium separationis und der actio familiae erciscundae. Sie tritt in allen Fällen ein, in welchen der Erbe die selbständige Verwaltung unter persönlicher Haftung nicht übernehmen will oder nicht übernehmen darf, weil dadurch anderweitige berechtigte Interessen gefährdet werden würden. Es ergeben sich also für die Einsetzung einer Nachlaßverwaltung folgende Gründe:

1. Anordnung des Erblassers,
2. Antrag des Alleinerben oder eines Teilerben,
3. Fehlen eines Erben, welcher die Verwaltung selbständig übernimmt,
4. Zweifelhaftigkeit des Erbrechts,

*) Als förmliches Aufgebot möchte ich das Verfahren nicht bezeichnen, um die hohen Kosten für das Aufgebot zu vermeiden.

5. Antrag von Gläubigern, Vermächtnisnehmern und Unterhaltsberechtigten, wenn ihnen nicht nach Ermessen des Nachlaßrichters genügende Sicherheit für die Befriedigung ihrer Ansprüche gestellt wird.

Die Nachlaßverwalter auf Anordnung des Erblassers entsprechen den gemeinrechtlichen Testamentsvollstreckern. Das Institut ist vom Standpunkt des römischen Rechtes direkt contra rationem juris, denn nach römischem Rechte ist, wie oben ausgeführt, der Erbe Testamentsvollstrecker. Dies ist sogar seine wesentlichste Eigenschaft, gegen welche der Anspruch, den er auf den Erlös der Erbschaft hat, sehr zurücktritt. Wenn ihm durch die quarta Falcidia ein Vorteil aus der solventen Erbschaft gewährleistet wird, so geschieht dies nur, um ihn zur Annahme zu bewegen; wenn ihm die Haftung für die Schulden aufgebürdet wird, so steht das für die alte Anschauung in engster Verbindung mit der ihm eingeräumten völlig unkontrolierten Liquidationsbefugnis. Beide Folgen treten übrigens nach Justinianischem Rechte nicht mehr notwendig ein, da die quarta Falcidia durch testamentarische Bestimmung, die Schuldenhaftung durch das beneficium inventarii ausgeschlossen werden kann. Aber gerade der Umstand, daß das Institut der Testamentsvollstrecker sich trotz seines prinzipiellen Gegensatzes zum römischen Recht hat behaupten und ausbreiten können, zeigt, daß ein Bedürfnis dafür vorhanden war. Wir finden es namentlich da angewandt, wo es sich um verwickelte Vermögensverwaltung, welcher die Erben voraussichtlich nicht gewachsen wären, um billige Ausgleichung entgegengesetzter Interessen, um Vermeiden kostspieliger und langwieriger Streitigkeiten unter den Erben handelt, und man kann sagen, daß es seine Aufgabe durchaus erfüllt. So ist es denn auch in die neueren Gesetzgebungen und in den Civilgesetzentwurf ohne Bedenken aufgenommen worden.

Der Antrag des Erben auf Bestellung eines Nachlaßverwalters kann zweierlei Zweck haben: entweder zur Sicherung der Gläubiger, wenn der Erbe selbst die persönliche Haftung vermeiden, also die Vorteile erlangen will, welche das römische Inventarrecht bot, oder im unmittelbaren Interesse der Erben, um eine Liquidation in solchen Fällen zu ermöglichen, wo in ihrer Person Hindernisse liegen. Letzteres wird namentlich dann vorkommen, wenn sich Miterben nicht einigen können. Aber auch abgesehen davon kann eine Nachlaßverwaltung unter gerichtlicher Aufsicht für die Beteiligten wünschenswert sein. Mehrere Erben, welche einander fremd sind und wegen örtlicher Entfernung schwer mit einander verhandeln können, werden z. B. diesen Weg wählen, auch wenn sie gar keinen Anlaß zu der Befürchtung haben, daß sie in Streitigkeiten geraten könnten. Selbst ein Alleinerbe, welcher etwa abwesend und mit den Verhältnissen unbekannt ist, wird oft eine Form vorziehen, welche ihm ohne jede eigene Mühe und Gefahr eine geordnete Abwickelung der Geschäfte gewährleistet, und zwar auch dann, wenn er von der Zulänglichkeit des Nachlasses vollkommen überzeugt ist.*) Jemehr das Recht in Bezug auf den Einfluß, welcher dem Erben gebührt, billigen Anforderungen Rechnung trägt, um so eher wird er sich dazu entschließen.

Bei dem Fehlen eines Erben schreitet schon jetzt das Gericht von Amtswegen ein. Nach den obigen Vorschlägen kommt dies nicht nur dann vor, wenn kein Erbe vorhanden ist,**) oder wenn der Erbe abwesend ist, sondern auch dann, wenn sich der Erbe um die Erbschaft nicht kümmert, sei es, weil er die Verwaltung mit persönlicher Haftung für die Schulden nicht übernehmen will oder die Erbschaft für wenig vorteilhaft hält, sei es aus Nachlässigkeit oder aus irgend einem andern Grunde. Da wir es für unbillig erklären mußten, für den Erben aus dem Erwerb, der sich ohne sein Zuthun

---

*) Die Motive zu § 2059 des Entwurfs lehnen eine Nachlaßpflegschaft in diesen Fällen ausdrücklich ab, weil ihre Zulassung „in einem so ausgedehnten Umfange weder innerlich begründet noch ein Bedürfniß ist". Die innere Begründung liegt darin, daß mehrfache Interessen vorhanden sind, welche ohne das Einschreiten des Staates Schaden leiden können. Wäre der Erbe allein interessiert, so könnte man es ihm überlassen, was aus dem Nachlasse wird, vorliegendenfalls wird aber die Verwaltung zugleich zum Schutze für die Nachlaßverbindlichkeiten eingesetzt. Das Bedürfnis läßt sich nur leugnen, wenn man, wie es der Entwurf freilich thut, dem Erben, obgleich er die Erbschaft ohne sein Zuthun erworben hat, positive Pflichten auferlegt. Ueber die Unbilligkeit dieser Bestimmung s. oben.

**) Ein Erbe ist zur Zeit nicht vorhanden, wenn die Erbeinsetzung unter einer noch schwebenden Bedingung gemacht ist, oder wenn eine schwangere Witwe nachgeblieben ist, überhaupt nicht, wenn die Universalsuccession ausgeschlossen ist — was freilich der Entwurf verbietet —, oder wenn sämtliche Vermögensgegenstände einzeln vermacht sind, so daß für die Universalsuccession kein Raum mehr bleibt. Ein Beispiel hierfür bietet das oben angeführte Testament.

vollzogen hat, Pflichten herzuleiten, so ist ein direkter oder indirekter Zwang zu irgend welcher Thätigkeit ausgeschlossen, andererseits darf die Einleitung der Verwaltung nicht so lange aufgeschoben werden, bis sie von einem Interessierten beantragt wird. Die Erbeneigenschaft geht durch Unthätigkeit nicht verloren, und der Überschuß kommt daher dem Erben zu, auch wenn er bis zum Ende der Liquidation in seiner Unthätigkeit verharrt. Daß der Erlös als herrenloses Gut an den Fiskus fällt, wenn er darauf verzichtet, wurde oben begründet. Um zu vermeiden, daß er durch Unterlassen jeder Erklärung die endgültige Abwickelung ungebührlich hinauszieht, kann bestimmt werden, daß außerdem der Heimfall an den Fiskus eintritt, wenn sich der Erbe nach Beendigung der Liquidation auf die an ihn erfolgte Anzeige etwa binnen Jahresfrist nicht erklärt. Bezüglich der Zeit, in welcher das Gericht die Nachlaßverwaltung einzusetzen hat, wird zu unterscheiden sein. Bleiben eine Witwe oder Kinder, die in demselben Haushalte leben, nach, so mag die alte deutschrechtliche Frist von dreißig Tagen angemessen sein; wenn der Verstorbene allein stand, so muß die Fürsorge für seine Erbschaft sofort eintreten. Die schleunige Einsetzung einer Nachlaßverwaltung hat keine Bedenken, da sie jederzeit wieder aufgehoben werden kann, wenn sich ein Erbe findet. Ob außerdem noch für ein Einschreiten des Gerichts selbst, insbesondere Versiegelung des Nachlasses, ein Bedürfnis vorliegt,*) weiß ich nicht. Jedenfalls wird das nur ausnahmsweise erforderlich sein, da der vom Richter ernannte Verwalter die nötige Garantie in seiner Person bieten muß.

Wegen Zweifelhaftigkeit des Erbrechtes wird eine Nachlaßverwaltung notwendig, wenn mehrere Prätendenten auftreten. Damit der wirkliche Erbe durch die unbegründeten Ansprüche seines Gegners möglichst geringen Nachteil erleidet, kann der Richter den mutmaßlichen Erben zum Verwalter ernennen. Von der Ernennung eines Verwalters auf Antrag der Gläubiger ist ebenfalls bereits die Rede gewesen.

Die Nachlaßverwaltung setzt keineswegs Unzulänglichkeit oder auch nur die Wahrscheinlichkeit der Unzulänglichkeit voraus, sie

*) § 2058 des Entwurfs kennt eine vorläufige Fürsorge des Gerichts, § 2059 eine Nachlaßpflegschaft für den Fall, daß der Erbe unbekannt ist.

verfolgt auch nicht vor allem andern den Zweck, eine möglichst weitgehende Befriedigung der Gläubiger herbeizuführen, sondern sie soll das Vermögen unter gleichmäßiger Wahrung aller Interessen liquidieren. Für den Fall wirklicher Unzulänglichkeit bleibt den Gläubigern, wenn sie es für vorteilhaft halten, die Befugnis, Eröffnung des Konkurses zu beantragen. Der Nachlaßverwalter hat deshalb nicht die Stellung eines Konkursverwalters, sondern etwa die eines gemeinrechtlichen Testamentsvollstreckers; der gerichtlich ernannte Nachlaßverwalter unterscheidet sich von diesem nicht mehr, als der gerichtlich bestellte Vormund von dem testamentarischen.

Allerdings hat der Nachlaßverwalter für die Erfüllung der Nachlaßverbindlichkeiten zu sorgen, aber das Interesse der Berechtigten ist eng begrenzt, weil ihm genügt ist, sobald die Befriedigung der Verbindlichkeiten gesichert ist. Deshalb tritt das Interesse der Erben durchaus in die erste Linie. Es besteht kein Widerstreit zwischen diesem und den Pflichten eines Nachlaßverwalters, in der Regel wird es sich daher empfehlen, gerade den Erben dazu zu ernennen. Natürlich vereinigt der Erbe, der zugleich Verwalter ist, die Befugnisse eines Erben und eines Verwalters. Eine Kollision kann dadurch niemals herbeigeführt, wohl aber unter Umständen vermieden werden. Thatsächlich tritt dann Liquidation durch den Vorbehaltserben ein, wie es von vielen Seiten verlangt worden ist; aber freilich ist nicht jeder Erbe ohne weiteres dazu befugt, sondern er muß vom Richter nach Prüfung seiner Befähigung und Zuverlässigkeit damit beauftragt werden.

Das Institut des Testamentsvollstreckers vereinigt sich mit dem der Nachlaßpflegschaft auf natürliche Weise. Es wird sich auch empfehlen, in jedem Falle richterliche Bestellung des Verwalters eintreten zu lassen, mit der Maßgabe, daß der vom Testator bezeichnete Testamentsvollstrecker zum Verwalter zu ernennen ist, wenn nicht bestimmte Gründe gegen ihn vorliegen. Hierhin gehören insbesondere Thatsachen, welche zu der Befürchtung von Unredlichkeiten Anlaß geben, z. B. Bestrafung wegen Diebstahls, Unterschlagung, Betrug und ähnlicher Vergehen. Im allgemeinen kann man freilich das Vertrauen hegen, daß der Erblasser geeignete Persönlichkeiten gefunden haben wird, indessen ist eine richterliche Kognition für die Ausnahmefälle, in denen dies nicht gelungen, wohl angebracht und auch aus dem Grunde notwendig, weil der Nachlaßverwalter eine Vertrauensstellung gegenüber Gläubigern, Pflichtteilserben und anderen Personen einnimmt, über deren Interessen der Erblasser nicht verfügen durfte. In zweiter Linie wird der Richter die Erben zu berücksichtigen haben, wenn gegen ihre Zuverlässigkeit keine Bedenken obwalten. Eine Einschränkung des richterlichen Ermessens ist indessen nicht zweckmäßig, weil die Verhältnisse zu vielgestaltig sind. Von anderen Personen wird der Richter gerade solche in Betracht ziehen müssen, welche dem Erblasser nahe standen, und welche ein Interesse — ideales oder materielles — an der Regulierung haben: Freunde des Verstorbenen, Vormünder und nahe Verwandte der Erben, Unterhaltsberechtigte, Vermächtnisnehmer, überhaupt diejenigen Klassen, aus welchen schon jetzt die Testamentsvollstrecker genommen zu werden pflegen.

Die Aufgaben des Nachlaßverwalters sind: Klarstellung des Nachlasses und Liquidation desselben.

Zu dem ersten Zwecke hat er eine gerichtliche öffentliche Aufforderung zu veranlassen. Die Frist ist etwa 1 bis 6 Monate hinauszuschieben. Es wird zweckmäßig sein, nicht nur die Gläubiger, sondern auch etwaige Erbschaftsprätendenten zur Meldung aufzufordern. Solche Proklamata kommen bekanntlich schon jetzt vielfach vor. Man hat davor gewarnt, ihren Wert zu überschätzen. Indessen haben sie doch jedenfalls die Wirkung, daß der Erbfall eine gewisse Publizität erhält, und daß eine übereilte Liquidation verhindert wird. Eine in der Stille vorgenommene schleunige Versilberung des Nachlasses durch Personen mit zweifelhaftem Erbrecht wird dadurch unmöglich. Entbehrlich sind sie kaum. Den Gläubigern wird für den Fall, daß sie sich nicht melden, der Rechtsnachteil angedroht, daß sie nur noch aus dem Vermögen Befriedigung suchen können, welches nach der Befriedigung der angemeldeten Forderungen übrig bleibt, den Erbschaftsprätendenten, daß diejenigen, welche sich melden und ihr Erbrecht bescheinigen, so lange als Erben behandelt werden, bis ihnen das Erbrecht durch gerichtliches Urteil oder durch ihr eigenes Anerkenntnis abgesprochen ist, und daß ihre Verfügungen von den wirklichen Erben — vorbehaltlich des persönlichen Ersatzanspruches — anerkannt werden müssen.

In derselben Zeit ist das Vermögensverzeichnis zu errichten. Der Verwalter hat die erbschaftlichen Sachen in seine Verwahrung zu nehmen und darf Vorbereitungen zur Veräußerung treffen. Veräußerungen irgend welcher Art darf er nur insoweit vornehmen, als sie durch die Fortführung einer ordnungsmäßigen Vermögensverwaltung geboten sind.

Mit dem Ende der gestellten Frist beginnt die Liquidation. Der normale Fall wird sein, daß das Erbrecht nicht bestritten ist, dem Verwalter also von nun an gerichtlich anerkannte Erben zur Seite stehen. Bei der Liquidation kommt zunächst das Interesse der Gläubiger, der Unterhalts- und Aussteuerberechtigten und der Vermächtnisnehmer, soweit es reicht, in Frage. Innerhalb dieser Grenze können daher Verfügungen und namentlich Veräußerungen von den Erben überhaupt nicht verhindert werden, der Verwalter ist lediglich verpflichtet, thunlichste Rücksicht auf ihre Wünsche zu nehmen. Auch unter diesen Verbindlichkeiten bestehen noch Unterschiede. Die Interessen der Gläubiger und der Unterhalts- und Aussteuerberechtigten sind auch von letztwilligen Verfügungen unabhängig; wenn es ihre Ansprüche erfordern, kann der Erblasser so wenig nach seinem Tode wie bei seinen Lebzeiten vermeiden, daß die zu ihrer Befriedigung notwendigen Veräußerungen geschehen. Der Anspruch der Vermächtnisnehmer hängt dagegen nur von dem Willen des Erblassers ab und kann durch ihn auch eingeschränkt werden.

Der Verwalter hat die angemeldeten Ansprüche zu prüfen und, wenn sie zweifelhaft sind, zu beanstanden. Das Ergebnis ist den gerichtlich anerkannten Erben mitzuteilen. Jeder von ihnen kann gegen die zugelassenen Forderungen Widerspruch erheben, da der Verwalter nicht befugt ist, eine bindende Anerkennung auszusprechen, und auch die Majorisierung hier wie sonst ausgeschlossen werden muß. Der Widerspruch hat zur Folge, daß die Forderung nicht eher befriedigt werden darf, bis er beseitigt ist. Erforderlichenfalls muß der angebliche Gläubiger dies durch gerichtliche Klage bewirken.*)

*) Die Frage, was bei Meinungsverschiedenheiten der Erben über Anerkennung von Forderungen geschehen soll, macht bei geteilter Succession nach dem Satze „nomina ipso jure divisa sunt“ keine Schwierigkeiten. Bei ungeteilter bleibt nichts übrig, als jedem Einzelnen, damit er vor allen Nachteilen geschützt ist, ein selbständiges Widerspruchsrecht zu geben. Für den Gläubiger ist das nicht lästiger als die Prozesse, welche er nach römischem Recht wegen der Teilforderungen zu führen hat.

Die Folge ist also, daß die widersprechenden Erben den Prozeß auf eigene Kosten führen müssen, ohne daß die Masse belastet und der Anteil der Miterben dadurch geschmälert wird.*) Um die Nachlaßverhältnisse bald zu klären, muß außerdem das Nachlaßgericht auf Antrag des Verwalters dem angeblichen Gläubiger eine Frist zur Anstellung der Klage unter dem Rechtsnachteil stellen lassen, daß sonst die Forderung als nicht angemeldet angesehen wird. Für diejenigen Forderungen, welche der Verwalter selbst beanstandet hat, ist der Prozeß gegen ihn zu führen, auch hier können aber die Erben ihre Interessen in der Weise schützen, daß sie als Nebenintervenienten auftreten.

Ähnlich erledigen sich die Differenzen über Geltendmachung von Rechten. Es wäre durch nichts begründet, dem Verwalter die Befugnis zum Verzicht beizulegen oder ihm auch nur die Möglichkeit zu geben, durch Unterlassen der Klage zu bewirken, daß das Recht thatsächlich für die Masse verloren geht. Jeder Erbe hat deshalb selbständig die Befugnis, ein bestrittenes Recht, welches der Verwalter nicht verfolgt, zu seinem Anteile geltend zu machen.

In diesem Punkte tritt bereits die fundamentale Verschiedenheit der Nachlaßregulierung von dem Konkursverfahren hervor. Die Gläubiger sind bei dem Prüfungsverfahren überhaupt nicht beteiligt. Es würde ganz falsch sein, sie hineinzuziehen und dadurch die Liquidation durch den Nachlaßverwalter zu einer Art von Konkurs zu gestalten. Ihren Interessen wird genügt, wenn der Verwalter in dem Falle, daß sich Zweifel an der Zulänglichkeit der Masse ergeben, verpflichtet ist, ihnen Anzeige zu machen, damit sie die Eröffnung des Konkurses beantragen können, wenn sie es in ihrem Interesse

---

*) Natürlich wirkt in diesem Fall das Urteil thatsächlich zu Gunsten und zum Nachteil der anderen Erben. Letzteres hat gar keine Bedenken, da die anderen Erben keinen Widerspruch gegen die Befriedigung erhoben haben. Durch ein günstiges Urteil bekommen sie allerdings einen Vorteil, welchen sie lediglich der Thätigkeit des widersprechenden Miterben zu verdanken haben. Direkt unbillig wird man aber auch das nicht finden, weil das, was das Urteil entschieden hat, für die ganze Erbschaft zutrifft. Vermeiden läßt es sich außerdem kaum, wenn man nicht die Einheitlichkeit der Nachlaßregulierung aufgeben will.

halten. Für den Fall, daß die Masse zulänglich ist, haben sie überhaupt kein Interesse daran, welche Forderungen anerkannt werden. Die strenge Ausscheidung aller konkursrechtlichen Elemente aus der Nachlaßregulierung und andererseits die Einleitung eines förmlichen Konkurses, wenn sie durch die Verhältnisse geboten erscheint, ist bei der Verschiedenheit der Gesichtspunkte, welche für beide maßgebend sind, einer Vermischung beider Prozeduren entschieden vorzuziehen.

Die Unterhalts- und Aussteuerberechtigten und die Vermächtnisnehmer haben eine eigentümliche Zwischenstellung zwischen Gläubigern und Erben. Im vorliegenden Falle wird es sich empfehlen, sie den letzteren gleichzustellen. Denn wenngleich ihre Ansprüche wie die der Gläubiger der Höhe nach begrenzt sind, so sind sie doch nicht in der Lage, ihre Interessen durch einen Antrag auf Konkurseröffnung zu wahren, und können einen Ausfall erleiden, wenn die Erbschaft zur Auskehrung der Zuwendungen nicht zureicht. Gerade dann, wenn die Erben keinen Überschuß aus der Erbschaft erwarten können, werden sie nicht geneigt sein, einen Widerspruch zu erheben, der mit der Gefahr eines Prozesses verbunden ist. Andererseits ist nicht zu fürchten, daß die Vermächtnisnehmer das Widerspruchsrecht mißbrauchen werden, weil es auch für sie mit der Gefahr eines Prozesses verbunden ist.

Aehnliche Gesichtspunkte sind bei der Frage maßgebend, welcher Einfluß den Interessenten auf die Liquidation der Erbschaft eingeräumt werden soll. Soweit es mit der Befriedigung der Nachlaßverbindlichkeiten vereinbar ist, muß auf die Wünsche der Erben Rücksicht genommen werden. Bei Differenzen zwischen ihnen müssen freilich diejenigen vorgehen, welche die Verwertung verlangen, denn der wirtschaftliche Zweck des Erbrechtes ist eben, einen bestimmten Geldwert zu erhalten. Die Liquidation ist eben so einzurichten, daß dies möglichst vollkommen erreicht wird, und deshalb wird regelmäßig eine öffentliche Versteigerung erfolgen müssen, bei welcher auch jeder Erbe in der Lage ist, die Sache zu erwerben. Der Einzelne ist, selbst wenn die Mehrheit gegen den Verkauf sein sollte, nicht verpflichtet, sich mit einem minderen Erlös zu begnügen, als er unter den vorliegenden Umständen zu erzielen ist. In Frage kann noch kommen, inwiefern aus Pietätsgründen ein öffentlicher Verkauf trotz des entgegenstehenden Verlangens eines Erben unterlassen werden darf.*) Die Frage ist ziemlich intrikat. Auf der einen Seite ist es möglich, daß ein habsüchtiger Erbe auf der öffentlichen Versteigerung von Sachen besteht, bei denen es das Gefühl verletzt, auf der anderen Seite läßt sich die Befürchtung nicht abweisen, daß einzelne Erben, namentlich, wenn sie abwesend sind, unter dem Deckmantel der Pietät beeinträchtigt werden können. Streitigkeiten über die Teilung knüpfen sich naturgemäß daran und können bei Kostbarkeiten wie Familienschmucksachen auch ein bedeutendes pekuniäres Interesse erreichen. Kommen sie gar vor den Richter, so fehlt es überhaupt an einer Norm zur Entscheidung, da es sich nicht um Rechtsfragen handelt, und übrigens der ferner Stehende oft nicht einmal beurteilen kann, ob in dem Verkaufe wirklich eine Pietätlosigkeit liegt. Am einfachsten werden sie daher erledigt, wenn in Ermangelung einer Einigung regelmäßig öffentlicher Verkauf eintritt, und nur bei Sachen, welche einen Verkaufswert nicht haben, Teilung durch das Loos eintritt. Man kann es dem Testator überlassen, nötigenfalls Bestimmungen über Unveräußerlichkeit zu treffen. Diese würden dann maßgebend sein, soweit es sich um Erben und Vermächtnisnehmer handelt, freilich nicht, soweit es sich um Gläubiger und Unterhalts- und Aussteuerberechtigte handelt, weil die Ansprüche von diesen durch Verfügungen des Erblassers nicht beeinträchtigt werden dürfen.

Die Regeln für den Verwalter ergeben sich hiernach von selbst. Verkäufe müssen auf Antrag eines Erben geschehen und können auch von dem Verwalter selbst veranlaßt werden. Sie sind allen Erben rechtzeitig vorher anzuzeigen, damit sie innerhalb einer festgesetzten Frist Widerspruch erheben können oder auch Anstalten zur Wahrung ihrer Interessen treffen, indem sie etwa an der Versteigerung teilnehmen. Erfolgt kein Widerspruch, so geht der Verkauf vor sich. Erfolgt Widerspruch, so kann der Verwalter die Veräußerung unterlassen, wenn sie nicht von einem andern Erben gefordert wird.

Sachen, welche einen Börsen- oder Marktpreis haben, sollen zu

*) In Frage könnte noch das sogenannte Setzungsrecht kommen, nach dem ein Erbe teilt, der andere wählt. Bei Erben in gleicher Lage wird das meist zu einem billigen Ausgleich führen. Ist aber etwa ein Erbe abwesend, so kann es vorkommen, daß er einen der gebildeten Teile überhaupt nicht verwerten kann und den minderwertigen wählen muß.

diesem, andere Sachen öffentlich meistbietend verkauft werden. Abweichungen von dieser Regel sind nur gestattet, wenn die Erben auf vorherige Anzeige keinen Widerspruch erheben, und das Nachlaßgericht es genehmigt. Auch hier ist wieder Majorisierung ausgeschlossen, da kein Teilerbe in seinem Anspruch auf den Vermögenswert des Nachlasses durch Beschlüsse seiner Miterben beeinträchtigt werden darf. Die Genehmigung des Gerichtes zu verlangen, empfiehlt sich namentlich mit Rücksicht auf die Fälle, wo kein Erbe vorhanden ist, oder wo die Erben aus irgend einem Grunde nicht im stande sind, die Verkaufsbedingungen zu kontrolieren.

Kündigungen von Erbschaftsforderungen, Einklagen von solchen und Empfangnahme von Zahlungen kommen dem Verwalter selbstverständlich zu.

Wenn der Verwalter zugleich Erbe ist, so wird dadurch keine Komplikation herbeigeführt, sondern es sind dieselben Regeln anwendbar. Die Verkaufsanzeige hat er auch dann in gleicher Weise an seine Miterben zu machen, und diese können durch ihren Widerspruch den öffentlichen Verkauf erzwingen.

Komplikationen entstehen dagegen, wenn das Erbrecht streitig ist. Zu berücksichtigen sind ausschließlich diejenigen, welche den Grund ihres Erbrechtes bescheinigen. Kann dies nur einer der Prätendenten, so übt er allein die Befugnisse des Erben, während seine Gegner auf den Weg der Klage verwiesen werden; kann es keiner von ihnen, so wird die Verwaltung so geführt, als wenn kein Erbe vorhanden wäre. Es ist aber sehr wohl möglich, daß mehrere Prätendenten den Grund ihres Erbrechtes bescheinigen. Wenn z. B. die Gültigkeit eines äußerlich formgerechten Testamentes angefochten wird, so ist sowohl der Testaments- wie der Intestaterbe dazu in der Lage.

Dann entsteht die Frage, ob die Liquidation bis zur Entscheidung des Erbschaftsstreites ausgesetzt werden soll. Insoweit es sich um andrängende Gläubiger handelt, wird man sie unbedingt verneinen müssen. Den Prätendenten kann man gegenüber den angemeldeten Forderungen dasselbe Widerspruchsrecht geben wie den Teilerben. Wenn das Erbrecht nur zum Teil bestritten ist, dann kann man auch denjenigen, deren Erbrecht zweifellos ist, nicht zumuten, die Regulierung möglicherweise jahrelang bis zur endgültigen Entscheidung aufzuschieben. Sie können durch Erbschaftsprätendenten nicht in denjenigen Rechten beeinträchtigt werden, welche sie gegenüber wirklichen Miterben haben würden. Die anerkannten Erben können also den sofortigen Verkauf betreiben. Den Erbschaftsprätendenten andererseits muß man solche Befugnisse zugestehen, welche zu ihrer Sicherung dienen, ihnen also wieder gleich wirklichen Teilerben ein Widerspruchsrecht gegen angemeldete Forderungen geben, damit der Nachlaß, über den sie prozessieren, nicht durch ungerechtfertigte Anerkennung von Verbindlichkeiten geschmälert werden kann; auch ist es billig, daß ihnen Verkäufe vorher angezeigt werden, damit sie sich an der Versteigerung beteiligen können, dagegen dürfen sie nicht in der Lage sein, Veränderungen gegen den Willen der anerkannten Erben oder anderer Prätendenten durchzusetzen, damit diese nicht zu Gunsten eines noch nicht erwiesenen Rechtes in Nachteil versetzt werden. Das Verhältnis zweier Prätendenten zu einander ergiebt sich daraus von selbst. Im allgemeinen haben sie dieselben Befugnisse wie Teilerben, doch kann keiner von ihnen Veräußerungen und Verfügungen über erbschaftliche Rechte gegen den Willen des andern durchsetzen.

Wenn im Vorstehenden durchweg nicht die positive Einwilligung des Erben, sondern nur das Unterlassen eines Widerspruches erfordert wird, so ist der Grund dafür, daß, da der Erbe zu positiven Handlungen überhaupt nicht verpflichtet ist, seine Thätigkeit nicht zur Voraussetzung für den Fortgang der Liquidation gemacht werden darf. Die Regulierung vollzieht sich ohne sein Zuthun, und der einzige Nachteil seines Schweigens für ihn ist, daß er keinen Einfluß auf den Verlauf derselben übt. Das Erfordernis positiver Einwilligung würde das Amt des Verwalters sehr erschweren, aus den verschiedensten Gründen würden die Antworten der Erben verzögert werden, und bisweilen möchte, wie nun einmal die menschliche Natur ist, bei einzelnen Personen die vis inertiae überhaupt nicht zu besiegen sein. Schließlich bliebe dann nichts anderes übrig als der Prozeß. So käme man doch wieder zu dem Ergebnis, daß der Erbe zu gewissen Handlungen verpflichtet ist und dazu erforderlichenfalls durch gerichtliche Klage gezwungen werden kann.

Es wird dem Richter freizulassen sein, nach Befinden mehrere Verwalter zu ernennen.*) Bei verwickelten Vermögensverhältnissen

*) Der Entwurf § 1893 kennt die Möglichkeit einer Mehrheit von Testamentsvollstreckern und verlangt ebenfalls gemeinsames Handeln von ihnen.

empfiehlt es sich z. B. dem geschäftskundigen Verwalter einen rechtsverständigen an die Seite zu setzen, bisweilen wird man auch die Verwaltung mehreren Miterben übertragen, um jeden von ihnen in die Lage zu bringen, seine Interessen wahrzunehmen. Die mehreren Verwalter führen dann die Geschäfte gemeinschaftlich. Bei Differenzen unter ihnen ist es nicht zweckmäßig, daß jedesmal eine Entscheidung durch den Nachlaßrichter eintritt, besser ist es, die Lösung darin zu suchen, daß in solchen Fällen auf Antrag eines der Verwalter oder der interessierten Personen eine neue Verwaltung bestellt wird.

Differenzen zwischen dem Verwalter und den interessierten Personen, insbesondere den Erben, müssen durch bestimmt gefaßte gesetzliche Vorschriften thunlichst verhindert werden; ganz zu vermeiden sind sie freilich nicht, und dann ist die Entscheidung des Nachlaßrichters unentbehrlich. Überhaupt muß der Verwalter ebenso wie der Vormund der Aufsicht des Gerichtes unterworfen werden.

Die Aufhebung der Verwaltung kann zunächst durch Konkurs erfolgen. Der Verwalter ist verpflichtet, den Gläubigern Mitteilung zu machen, sobald er die Unzulänglichkeit der Masse erkennt. Jeder Gläubiger kann dann Eröffnung des Konkurses beantragen, die früheren Handlungen des Verwalters sind, wenn dies geschieht, ganz ebenso zu beurteilen, als wenn der Schuldner selbst sie vorgenommen hätte. Auch im übrigen regeln sich die Verhältnisse nach den gewöhnlichen konkursrechtlichen Bestimmungen, wobei dem Erben die Befugnisse des Gemeinschuldners zukommen.

Auf der andern Seite steht es den Erben zu, jederzeit die Verwaltung selbst zu übernehmen, und zwar in jedem Stadium, vor und nach Ablauf der Frist für die Anmeldung der Forderungen. Zur Sicherung der Gläubiger ist nur der Vorbehalt zu machen, daß sie vorgängige Mitteilung erhalten müssen und ein Widerspruchsrecht haben, wenn sie nicht befriedigt oder sicher gestellt werden. Hierin liegt das wichtigste Korrektiv gegen Beeinträchtigung durch Maßnahmen des Verwalters. Freilich können mehrere Erben die Verwaltung nur gemeinschaftlich übernehmen.

Die Erben müssen die bisherigen Verfügungen des Verwalters anerkennen. Eine Sicherung gegen überstürzte Liquidation liegt für sie darin, daß während der Frist für die Anmeldung der Forderungen nur notwendige Veräußerungen vorgenommen werden dürfen. Es wird sich, wenn die erbschaftlichen Verhältnisse irgendwie unklar liegen, für die Erben empfehlen, zunächst Nachlaßverwaltung eintreten zu lassen und erst, nachdem das Vermögensverzeichnis aufgenommen und die Aufgebotsfrist verstrichen ist, ihre Erklärung abzugeben.*)

Mit der Verwaltung übernehmen die Erben die unbeschränkte persönliche Haftung, indessen, wenn ein Vermögensverzeichnis vom Verwalter errichtet und die Anmeldefrist verstrichen ist, nur für die angemeldeten Forderungen. Die nicht angemeldeten können gegen sie nur bis zum Betrage dessen geltend gemacht werden, was sie aus dem Nachlaß in Händen haben. Die Haftung gestaltet sich genau so wie die Haftung des gemeinrechtlichen Inventarerben. Selbst die nicht angemeldeten Gläubiger sind aber in einer besseren Lage als die Gläubiger nach Gemeinem Recht, da das von dem gerichtlich bestellten Verwalter angefertigte Verzeichnis ihnen eine zuverlässigere Grundlage giebt, als das von dem Erben selbst angefertigte.

Der Verwalter kann endlich auf seinen eigenen Antrag oder den Antrag eines Interessenten entlassen werden. Für den letzten Fall wird es sich empfehlen, das richterliche Ermessen möglichst wenig zu beschränken, da mancherlei Umstände seine Entfernung wünschenswert machen können, auch ohne daß eine Schuld von seiner Seite vorliegt. In gewissen Fällen muß freilich dem Antrage stattgegeben werden, ich würde dazu Zahlungsunfähigkeit und mißliche Vermögenslage, Einleitung der Untersuchung gegen ihn wegen Betrugs, Diebstahls, Unterschlagung und ähnlicher Vergehen, längere Entfernung von dem Mittelpunkt der Nachlaßverwaltung rechnen. Dazu kommen alle solche Umstände, welche zu der Besorgnis Anlaß geben, daß die Nachlaßverwaltung nicht ordnungsmäßig geführt werde.

Der normale Grund der Beendigung ist die Aufteilung. Daß bei unzulänglicher Masse nicht alle Ansprüche verhältnismäßig befriedigt werden können, versteht sich von selbst, vielmehr ergiebt sich aus der Natur der Verhältnisse folgende Rangfolge:

Erbschaftsforderungen.

Unterhalt der Frau, Erziehungsgelder und Aussteuer der unversorgten Kinder.

*) Dies wird vielleicht am häufigsten sein. Im Bähr'schen Entwurf erscheint es als der normale Verlauf des Verfahrens, wenn der Erbe unter Vorbehalt eintritt.

Ansprüche anderer Verwandten auf Unterhalt.
Vermächtnisse.
Erbrechte.

Es kann vorkommen, daß der Erlös nicht einmal zur Befriedigung der Gläubiger ausreicht, nämlich dann, wenn diese es auf die Anzeige des Verwalters nicht für zweckmäßig erachtet haben, die Einleitung eines Konkurses zu beantragen. Der Billigkeit entspricht es, bei der definitiven Verteilung dieselben Grundsätze wie im Konkurse in Anwendung zu bringen, und dies empfiehlt sich auch insofern, als infolge dessen die Gläubiger eher auf einen förmlichen Konkurs verzichten werden. Der Gläubiger hat für den Betrag, zu welchem er hebungsberechtigt ist, eine Klage gegen die durch den Verwalter vertretene Masse. Um aber nachträgliche Streitigkeiten zu verhindern, ist eine vorgängige Mitteilung des Teilungsplanes wünschenswert und die Bestimmung, daß der Gläubiger seine Ansprüche gegen die Masse verliert, wenn er nicht nach der Kenntnis von dem Teilungsplane binnen vierzehn Tagen Widerspruch einlegt, und binnen einer Frist, die ihm auf Antrag des Verwalters vom Nachlaßgerichte gestellt wird, die gerichtliche Klage erhebt.

Bei den Unterhaltsansprüchen kann vom Rechtsstandpunkte aus ein Ausfall überhaupt nicht eintreten, weil ihre Existenz und ihre Höhe von dem Stande des Vermögens abhängig ist. Sie sind nach eben denselben Grundsätzen zu beurteilen wie zu Lebzeiten des Erblassers und können, wie einst gegen diesen, so jetzt gegen den Verwalter, falls eine Einigung nicht zu erzielen ist, auf dem Wege der Klage durchgefochten werden. Immerhin macht aber die jetzt erfolgende Aufteilung des Vermögens eine andere Sicherung nötig als bisher; z. B. durch ein Kapital, welches zu ihrer Befriedigung ausreicht, oder die Bestellung einer Hypothek.

Daß an den Vermächtnissen, wenn die Masse sich bei ihnen erschöpft, eine verhältnismäßige Kürzung vorgenommen werden muß, versteht sich von selbst, ebenso, daß die Erben den Rest nach Verhältnis ihrer Erbteile erhalten. Der Verwalter hat zunächst eine gütliche Teilung der nicht veräußerten Sachen und Rechte vorzuschlagen; wenn Widerspruch erfolgt, so muß Verwertung der Gegenstände und Teilung des Erlöses erfolgen. In allen Fällen muß der Teilungsplan den Interessenten vorher vorgelegt werden.

12. Zusammenstellung der Vorschläge.

I.

Gegen die Erbmasse haben die Angehörigen folgende Ansprüche:

1. Der überlebende Ehegatte auf Unterhalt bis zu seiner Wiederverheiratung,
2. die Kinder auf Erziehung,
3. die Töchter außerdem auf Aussteuer.

Die Ansprüche bemessen sich nach dem Stande und den Vermögensverhältnissen des Erblassers und gelten nur insoweit, als sie nicht aus dem Ertrage eigenen Vermögens befriedigt werden können.

Andere Unterhaltsverpflichtungen des Erblassers bestehen fort, wenn nach Befriedigung der obigen Ansprüche der Nachlaß noch zureicht.

Pflichtteilsrechte beziehen sich nur auf das Vermögen, welches nach Befriedigung beider Arten von Ansprüchen übrig bleibt.

II.

Soweit der Erblasser nicht letztwillig verfügt hat, werden berufen:

1. Die Kinder,
2. die Eltern,
3. die Großeltern,
4. die Gemeinde, in welcher der Erblasser seinen Wohnsitz hatte,
5. der Fiskus.

Mehrere in derselben Ordnung neben einander Berufene erben zu gleichen Teilen. Den Teil, welchen ein verstorbener Verwandter erhalten haben würde, erben dessen Kinder, den Teil eines vorher verstorbenen Kindes dessen Kinder u. s. f. Die späteren Ordnungen werden nur berufen, wenn Verwandte der früheren Ordnungen oder Nachkommen von ihnen den Erblasser nicht überlebt haben.

Der überlebende Ehegatte kann statt des Anspruchs auf standesgemäßen Unterhalt von den gesetzlichen Erben eine lebenslängliche Rente fordern, welche dem durchschnittlichen Ertrage der Hälfte der Vermögen beider Gatten entspricht. Der Anspruch erlischt durch Wiederverheiratung.

III.

Bei Erbschaften, Vermächtnissen und Schenkungen von todeswegen steuern:

1. Ehegatten und Abkömmlinge 1 Prozent von dem, was sie über 20 000 Mark erhalten,

2. Eltern, Geschwister und deren Abkömmlinge 5 Prozent von dem, was sie über 10 000 Mark erhalten,

3. Großeltern, Geschwister der Eltern und Nachkommen von Geschwistern der Eltern 15 Prozent von dem, was sie über 1000 Mark erhalten,

4. Alle anderen Personen 25 Prozent von dem, was sie über 500 Mark erhalten.

Unterhaltsvermächtnisse bleiben steuerfrei.

IV.

Zu Erbschaften und Vermächtnissen werden nur Personen berufen, welche bei dem Tode des Erblassers noch leben. Der Erwerb erfolgt mit der Berufung. Bedingte Erbschaften und Vermächtnisse werden unter der Bedingung erworben.

V.

Die Ausübung der erbschaftlichen Rechte steht dem Alleinerben oder der Gesamtheit der Teilerben zu.

Wer als Erbe oder wie ein Erbe erbschaftliche Rechte ausübt oder sich einen Erbschein erteilen läßt, haftet für die Erbschaftsschulden, für die Ansprüche der Hinterbliebenen auf Unterhalt und Aussteuer und für die Vermächtnisse, von denen er wußte oder bei gehöriger Erkundigung wissen konnte, in ihrem ganzen Betrage, für andere Vermächtnisse bis zur Höhe dessen, was er aus der Erbschaft in Händen hat.

Dem deshalb Belangten steht gegen den wirklichen Erben, wenn dieser die Erbschaft in Anspruch nimmt, und ebenso gegen seine Miterben nach Verhältnis ihrer Erbteile der Rückgriff zu.

Maßregeln, welche im Interesse des Nachlasses keinen Aufschub leiden, schaden dem Handelnden nicht, wenn er unverzüglich dem Nachlaßgericht Anzeige macht und die Bestellung eines Nachlaßverwalters beantragt.

Jeder Erbe kann bei dem Nachlaßgerichte beantragen, daß die Erbschaftsgläubiger öffentlich aufgefordert werden, sich binnen einer Frist, welche von 1 bis 6 Monaten anzusetzen ist, bei dem Nachlaßgerichte zu melden. Die öffentliche Aufforderung hat die Wirkung, daß die Gläubiger, welche sich in der Frist nicht melden, die Erben nur nach Verhältnis ihrer Erbteile in Anspruch nehmen können.

VI.

Ein Nachlaßverwalter ist zu ernennen:

1. Auf Anordnung des Erblassers,

2. auf Antrag eines Erben,

3. von Gerichts wegen, wenn binnen 30 Tagen nach dem Tode des Erblassers kein Erbe die Verwaltung des Nachlasses übernimmt, oder wenn das Erbrecht streitig ist,

4. auf Antrag eines Gläubigers, Vermächtnisnehmers und Unterhalts- oder Aussteuerberechtigten, wenn ihm nicht nach Ermessen des Nachlaßrichters genügende Sicherheit für die Befriedigung seines Anspruchs geleistet wird.

Im letzten Falle hat der Antragsteller nach Ermessen des Nachlaßrichters einen Kostenvorschuß zu stellen.

Zu Nachlaßverwaltern sind die vom Erblasser letztwillig bezeichneten Personen zu ernennen, wenn gegen sie keine Thatsachen vorliegen, nach welchen sie vertrauensunwürdig oder zur Verwaltung ungeeignet sind. In Ermangelung einer letztwilligen Bestimmung sollen vor anderen die Erben und die sonst interessierten Personen, wenn sie vertrauenswürdig und geeignet sind, berücksichtigt werden.

Mehrere Verwalter führen die Verwaltung gemeinschaftlich. Bei Uneinigkeit unter ihnen kann der Nachlaßrichter eine neue Nachlaßverwaltung einsetzen.

Der Verwalter kann auf seinen Antrag oder auf den Antrag eines Interessenten entlassen werden.

Der Alleinerbe oder die Gesamtheit der Teilerben kann die Verwaltung nachträglich übernehmen. Von der Übernahme sind die Gläubiger, Vermächtnisnehmer und Unterhalts- oder Aussteuerberechtigten vorher zu benachrichtigen. Wenn einer von ihnen widerspricht, so ist die Übernahme nur statthaft, nachdem ihm für die Befriedigung seines Anspruches nach Ermessen des Nachlaßrichters genügende Sicherheit geleistet ist.

VII.

Bei Einsetzung einer Nachlaßverwaltung hat das Nachlaßgericht an alle, welche Ansprüche an die Erbschaft oder auf die Erbschaft machen, eine öffentliche Aufforderung zu erlassen, sich in einer Frist, welche von 1 bis 6 Monaten anzusetzen ist, bei dem Nachlaßgerichte zu melden. Nicht angemeldete Ansprüche an die Erbschaft können nur an dem übrig bleibenden Reste des Nachlasses oder persönlich gegen die zu Unrecht befriedigten Vermächtnisnehmer geltend gemacht werden. Die Personen, welche sich melden und ihr Erbrecht bescheinigen, erhalten die Verfügung über die Erbschaft und werden so lange als Erben angesehen, bis ihnen das Erbrecht durch gerichtliches Urteil oder durch ihr eigenes Anerkenntnis abgesprochen ist.

In der gestellten Frist hat der Nachlaßverwalter ein Vermögensverzeichnis aufzunehmen. Veräußerungen darf er nur insoweit vornehmen, als sie durch die Fortführung einer ordnungsmäßigen Vermögensverwaltung geboten sind.

Allen, welche ein Erbrecht, Vermächtnisrecht oder ein Recht auf Unterhalt und Aussteuer in Anspruch nehmen, ist auf Antrag ein Vermögensverzeichnis und ein Verzeichnis der angemeldeten Ansprüche zu übergeben. Widerspricht einer von ihnen einem angemeldeten Anspruche, so ist die Befriedigung auszusetzen und dem Beanspruchenden aufzugeben, binnen einer bestimmten Frist gegen den Widersprechenden eine Klage zur Beseitigung des Widerspruches zu erheben, widrigenfalls der Anspruch als nicht angemeldet gilt.

Den genannten Personen sind Verkäufe vorher anzuzeigen. Sachen, welche einen Börsen- oder Marktpreis haben, sollen zu diesem, andere Sachen regelmäßig meistbietend verkauft werden. Gegen freihändigen Verkauf steht jeder der genannten Personen ein Widerspruchsrecht zu. Der Verkauf einer Sache muß erfolgen, wenn ein anerkannter Erbe es beantragt.

Der Verwalter hat die Vertretung der Erbschaft nach außen und die Ausübung aller erbschaftlichen Rechte. Rechte, welche der

Verwalter nicht geltend macht, kann jeder Erbe zu seinem Anteile geltend machen.

Wenn der Nachlaßverwalter die Unzulänglichkeit des Nachlasses zur Befriedigung der angemeldeten Gläubiger erkennt, so hat er diesen Mitteilung zu machen.

Der Antrag auf Konkurseröffnung steht dem Nachlaßverwalter und jedem der Gläubiger zu. Mit der Konkurseröffnung hört die Nachlaßverwaltung auf.

Nach Beendigung der Liquidation ist der Teilungsplan den Erben und solchen Anspruchsberechtigten, welche einen Ausfall erleiden, mitzuteilen. Er gilt als genehmigt, wenn nicht in einer festgesetzten Frist Widerspruch erhoben wird.

Druck der Norddeutschen Buchdruckerei, Berlin SW., Wilhelmstraße 32.

FSC
www.fsc.org
MIX
Papier | Fördert
gute Waldnutzung
FSC® C083411

Kolibri 360 GmbH
Ferdinand-Jühlke-Straße 7
99095 Erfurt, Deutschland
produktsicherheit@kolibri360.de